Schulfußball – Ein Lehrbuch für den Sportunterricht

Ich widme dieses Buch meiner Frau Manuela und meinen Kindern Enno und Alma.
Danke, dass ihr für mich da seit.

Allgemeiner Hinweis:

Aus Gründen der besseren Lesbarkeit wird bei Personenbezeichnungen die männliche Sprachform verwendet. Gemeint ist sowohl die männliche als auch die weibliche und die diverse Form.

PASCAL BACH

SCHULFUSSBALL

Ein Lehrbuch für den Sportunterricht

STUNDENBILDER
FÜR DIE 5.-7. KLASSE

MEYER & MEYER VERLAG

Schulfußball – Ein Lehrbuch für den Sportunterricht

Bibliografische Information der Deutschen Bibliothek
Die Deutsche Bibliothek verzeichnet diese Publikation in der Deutschen Nationalbibliografie; detaillierte bibliografische Details sind im Internet über <http://dnb.ddb.de> abrufbar.

Auckland, Beirut, Dubai, Hägendorf, Hongkong, Indianapolis, Kairo, Kapstadt, Manila, Maidenhead, Neu-Delhi, Singapur, Sydney, Teheran, Wien
Member of the World Sport Publishers' Association (WSPA)

Gesamtherstellung: Print Consult GmbH, München

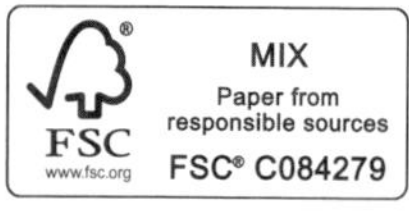

ISBN 978-3-8403-7817-1
E-Mail: verlag@m-m-sports.com
www.dersportverlag.de

INHALT

EINLEITUNG

Wenn man einem dreijährigen Kind einen Ball zurollt, gibt es zwei mögliche Reaktionen. Entweder es schießt den Ball weg oder kniet sich hin und stoppt ihn mit beiden Händen. Tatsächlich ist der Aufforderungscharakter des Balls immens hoch, auch wenn keinerlei Erfahrung vorliegt. Intuitiv entscheiden die Kinder, was zu tun ist.

Im Laufe einer Spielsportlaufbahn sollten Kinder vielfältige Möglichkeiten des Ballsports kennenlernen. Denn nicht nur die Entwicklung der koordinativen Fähigkeiten, die durch das Thema der Ballkontrolle in den Fokus rücken, sondern auch das soziale Miteinander im Team spielt eine wichtige Rolle, die nicht zu unterschätzen ist.

Der Umgang mit Sieg oder Niederlage ergänzt den Prozess der Persönlichkeitsentwicklung und den Erwerb der angesprochenen sozialen Kompetenzen. Da es im Vereinssport viel mehr Zeit und Möglichkeiten gibt, Dinge zu entwickeln, kommt dem Schulfußball eine besondere Rolle zu.

Fußball in der Schule hat wirklich nichts mit Vereinssport zu tun! Wer eine andere Meinung vertritt, sollte das Buch sofort aus der Hand legen.

Alle anderen können hoffentlich von vielen Jahren Fußballerfahrung sowohl im Verein als auch in der Schule profitieren. Die Inhalte bieten im Optimalfall genug Input, um nie mehr ein anderes Buch zurate ziehen zu müssen.

Die Tipps und Anmerkungen helfen hoffentlich jedem Lehrer – ob Experte oder Neueinsteiger –, die richtigen Worte zu finden, um allen Schülern das Sportspiel Fußball auf eine spannende und erfreuende Art und Weise näherzubringen.

Mein Ziel war es, das „beste" Buch zum Thema Schulfußball zu verfassen. Es wäre schön, wenn ich dieses Ziel im Ansatz erreichen konnte.

Viel Spaß beim Lesen und Umsetzen

Pascal Bach

KAPITEL 1

BEDINGUNGEN, UM EINE LERNFÖRDERNDE UMGEBUNG ZU SCHAFFEN

Jeder, der schon einmal eine Unterrichtsstunde bzw. eine Trainingseinheit geplant hat, wird sich zwangsläufig mit verschiedenen Fragestellungen auseinandersetzen müssen. Neben den Rahmenbedingungen stellt die Zusammensetzung und Qualität der Gruppe die wohl größte Herausforderung hinsichtlich der umzusetzenden Inhalte dar.

Im folgenden Buch soll keineswegs der idealtypische Weg der Lehrprobe, die jeder Lehrer oder Trainer zu absolvieren hat, als die Lösung aller Unterrichtsprobleme propagiert werden. Vielmehr soll die Kombination aus praktikablen Unterrichtslösungen und langjährigen Erfahrungen eine Basis für eine reale Umsetzung des Unterrichtsinhalts Fußball bilden.

Unabhängig von der Herangehensweise an den Unterrichtsstoff ist eine vorgeschaltete Analyse der Gesamtsituation, also Lerngruppe und allgemeines Umfeld, aus meiner Sicht unabdingbar. Sie führt erfahrungsgemäß zu einer größeren Flexibilität im weiteren Unterrichtsverlauf, gibt Sicherheit und bildet letztlich auch eine gute Basis, um – leider auch – eine Bewertung der Leistung durchführen zu können.

Die vorliegenden Unterrichtsreihen bilden die Basis für die Fußballförderung in der Schule und sind für die Ersterfahrung im Bereich Fußball bestens geeignet.

Ziel soll es sein, grundlegende Kompetenzen im Sinne der Annäherung an das Sportspiel Fußball zu vermitteln und den Kindern auf spielerische und freudvolle Weise den Zugang zum Fußball zu ermöglichen.

Aufgrund der Heterogenität der meisten Klassen und der fehlenden Vorerfahrungen vieler Schüler startet das Ausbildungsprogramm in der Unterrichtsreihe „Fußball entdecken – Teil 1: Technik" mit einfachen Formen zur Ballgewöhnung sowie zur Orientierung im Feld. Diese grundlegenden Kompetenzen bilden die Basis für die gesamte fußballerische Ausbildung in der Schule und für die erweiterte Unterrichtsreihe „Fußball entdecken – Teil 2: Taktik".

Im Verlauf der ersten Unterrichtsreihe werden die *Basistechniken* Dribbeln, Passen, Schießen sowie die taktischen Grundlagen des 1 gegen 1 behandelt. Den Abschluss bildet die Annäherung an das große Spiel in Turnierform. Die Erweiterung bildet die zweite Unterrichtsreihe, die *basistaktische Verhaltensweisen* in den Vordergrund stellt.

1.1 Analyse der Lerngruppe

Die Überschrift dürfte den meisten Kollegen jetzt den Angstschweiß auf die Stirn treiben, da sie doch ein Grundbestandteil jeder Lehrprobe ist.

Allerdings soll dies keine wissenschaftliche Analyse einer heterogenen Lerngruppe – was ja definitiv alle Schulklassen sind – werden, vielmehr sollen einige Aspekte und Probleme aufgezählt werden, die aus der Erfahrung heraus recht zuverlässig auftreten.

1.1.1 Der Gegensatz zwischen großen Bedenken und großer Freude

Das Unterrichtsvorhaben „Fußball entdecken" bedeutet in der Regel für einen kleinen Teil der Klasse, sich auf gewohntem Terrain zu bewegen und sich profilieren zu können. Für den Großteil bedeutet es möglicherweise Unsicherheit und Unlust aufgrund schlechter Erfahrungen in vergangenen Jahren mit dem Fußballspiel.

Bekanntermaßen ist Fußball ein gern genommener „Lückenfüller" im Sport. Hierbei wird meist ohne Problemorientierung und ohne geplante Unterrichtsvorhaben agiert. Prinzipiell ist es nicht schlecht, die Schüler „einfach spielen zu lassen", doch oftmals ist der Hintergrund eher die Entlastung der Lehrkraft, als der Lernzuwachs durch induktives Lernen.

Es ist nachvollziehbar, dass viele Schüler (besonders oft Schülerinnen) Vorbehalte haben, da oft ohne Vorgaben oder Differenzierungen gespielt wird. Daher ist es (eventuell) sinnvoll, vorab ein (kurzes) informatives Vorgespräch mit der Klasse zu führen. Aufgrund der Erfahrung aus den letzten Jahren zeigt sich, dass gerade schwächere Schülerinnen beim Fußball große Motivation erfahren und auch für ihre Verhältnisse deutlich bessere Ergebnisse als in anderen sportlichen Teildisziplinen erzielen.

Durch eine kurze Sachanalyse identifiziert man Fußball als großes Sportspiel (Zielschussspiel). Es stellt für viele das schwierigste Spiel dar, da es mit dem Fuß gespielt wird. Aber gerade diese Tatsache macht den Aufforderungscharakter aus und das Spiel so interessant.

Denn „insbesondere das Fußballspiel ist dadurch charakterisiert, dass die präzisionsmotorische Extremität ‚Hand' qua Regelwerk nicht zur Verfügung steht, um die Spielidee

‚Zielschuss' zu realisieren". Gerade der Umstand, den Ball mit weniger geeigneten Körperteilen spielen zu müssen, macht die Faszination des Spiels aus, führt aber auch zu einer besonderen didaktischen Problematik.

Im Bereich der Technik gibt es verschiedene Möglichkeiten, den Ball zu führen, zu stoppen und weiterzuspielen. Zur Erzielung von Toren werden ebenfalls verschiedene Techniken verwendet. Im taktischen Bereich reicht das Spektrum von Individual- über Gruppen- bis zur Mannschaftstaktik.

Die vorgestellten Unterrichtsinhalte haben zunächst einen technischen Schwerpunkt, später, wie schon erwähnt, einen taktischen.

Um das Leistungsniveau einzuordnen und somit die Wahl der Übungsformen nochmals zu untermauern, lässt sich ein Vergleich mit dem Vereinssport herstellen. Der Kinderfußballbereich (Minis, F- und E-Jugend) stellt hier das Äquivalent zum Schulfußball auf dieser Könnensstufe dar.

Sinnvollerweise beginnt der Unterricht des Schulfußballs mit technischen Grundlagen. Daher ist das Unterrichtsvorhaben auch begründet, weil man es auf diese Weise schafft, Basiselemente des Spiels einfach zu vermitteln, um somit eine schnellere Spielfähigkeit zu erreichen.

Diese Betrachtungsweise kann man untermauern durch die Bezeichnung der „Techniken" als „Tools", also Werkzeuge, um zur Spielfähigkeit zu gelangen. Je besser das Spiel beherrscht wird, desto mehr Spaß entwickelt sich.

Der Schwerpunkt der schulischen Fußballausbildung muss die Spielfähigkeit sein, welche auf der Basis eines freudvollen Umgangs mit dem Spiel erfolgt. Eine Technik- oder Taktikausbildung, wie sie im Verein angestrebt wird, ist ein unrealistisches Ziel, kann aber beispielsweise ergänzend im AG-Betrieb gezielt umgesetzt werden, welcher separat betrachtet werden muss.

In der Technikausbildung auf diesem Niveau sollten spielerische Formen, beispielsweise Wettkämpfe, schwerpunktmäßig eingesetzt werden. Spielgemäßheit und Vielseitigkeit kann eine hohe Motivation garantieren. Die Techniken sind als Grobformen zu realisieren, auf denen bei Bedarf in späteren Jahrgängen aufgebaut werden kann.

An dieser Stelle soll kurz auf die Vermittlungskonzeption eingegangen werden. Wie erwähnt, erfolgt die Vermittlung über „spielgemäße" Formen. Da es jedoch eine Vielzahl an unterschiedlichen Modellen zur Sportspielvermittlung gibt, erfolgt keine konkrete Festlegung auf ein Modell. Vielmehr ist die Art der Vermittlung eine Mischform aus Erfahrungswerten sowie problemorientiertem Vorgehen.

Schmoll (2006) beschreibt einen ähnlichen Weg, indem er „vom Zielspiel bzw. der grundlegenden Spielidee (Tore erzielen und Tore der gegnerischen Mannschaft verhindern)" ausgeht. Weiterhin vertritt er ebenfalls die Vermittlung als „eine Art problemorientiertes Konzept".

Neben der inhaltlichen Orientierung spricht für diese Art der Vermittlung die Kooperation untereinander. Bähr und Borchert (2006) bestätigen grundlegende Probleme der Jungen, dass es mit „fast ausschließlich fußballunerfahrenen Mädchen keinen Spaß machen würde".

Weniger als Einschränkung, sondern vielmehr als Chance verstehen sie die unterschiedlichen Vorerfahrungen im Fußball. Beispielsweise sollen die geübten Kinder den ungeübteren Hilfestellungen geben.

Grundsätzlich ist dies auch ein Ansinnen der vorgestellten Unterrichtsinhalte und lässt sich sehr gut in den technikorientierten Stunden umsetzen. Jedoch soll an dieser Stelle bemerkt werden, dass es nicht sinnvoll ist, sich nur an den Schwächeren zu orientieren. Durch dieses Vorgehen besteht die Gefahr, dass die guten Schüler die Lust am Unterricht verlieren und unter Umständen mehr stören, als helfen.

Neben Vermittlungskonzeptionen und anderen Legitimationszwängen sollte eine Sache nicht aus den Augen verloren werden. Über Erfolg und Misserfolg beziehungsweise Zuneigung und Abneigung gegenüber dem Fußballspiel entscheidet weniger eine Vermittlungskonzeption, sondern die Tatsache, wie viele Ballkontakte jemand hat.

Somit wird den vom DFB vorgeschlagenen *10 goldenen Regeln des Kinderfußballs* Rechnung getragen, in denen es unter anderem heißt: „Für jedes Kind einen Ball!" oder: „Viele Ballkontakte ermöglichen." Als Konsequenz für den Schulfußball lässt sich das als zwingend notwendige Bedingung für ein erfolgreiches Unterrichtsvorhaben festhalten.

1.1.2 Die „vermeintlich" Besten integrieren – Verein vs. Schule

Die größte Herausforderung besteht nicht darin, den schwächsten Schülern etwas beizubringen, sondern darin, den „Guten" die Möglichkeit zu geben, sich zu präsentieren. Vormachen ist der „Klassiker", um die Sportexperten im Unterricht besonders herauszustellen. Dies ist sicher begründet, aber nicht die alleinige Lösung. Die Besten haben denselben Spieltrieb wie alle anderen, vielleicht noch ausgeprägter.

Die Erfahrung zeigt, dass diese Schüler zur Lustlosigkeit oder Passivität neigen, wenn man sie gut gemeinte Sonderrollen einnehmen lässt. Diese Schüler wollen zeigen, was sie können und sich mit den Besten messen, um ihre Bestätigung zu finden. Diesem Bedürfnis wird die Rolle als „Ersatzlehrer" nicht gerecht.

Bei Technikübungen könnte man beispielsweise den Ablauf erschweren, vielleicht eine Gruppe mit Stärkeren bilden, die dann diese Übungsform durchführen. In Spielformen kann dieser Schüler die Rolle des Überzahlspielers („freier Mann") übernehmen, um durch seine besonderen Fähigkeiten das Spiel für die anderen auch ertragreicher zu gestalten.

Auf der Ebene des Regelwerks kann man eine Regel einführen, die es ihm zunächst verbietet, Tore zu erzielen, um in einer eher schwachen Konstellation Alleingänge zulasten der anderen zu vermeiden. In einer stärkeren Konstellation sollte er natürlich unbedingt die Möglichkeit haben, Tore erzielen zu können!

In einer Überzahl-/Unterzahlsituation könnte dieser Schüler bei der Unterzahlmannschaft spielen. Dann muss er sich mehr anstrengen und alle profitieren davon.

Dies sind nur einige Vorschläge, um den „Besten" ebenfalls gerecht zu werden. Somit gelingt die Balance zwischen Förderung der Schwächeren und Fordern der Stärkeren eher, als sich nur an den Schwachen zu orientieren!

1.1.3 Gruppenzusammensetzungen

Die Zusammensetzung der Gruppen kann unter Umständen zu großen Hindernissen innerhalb des Lernprozesses führen. Nicht nur Sympathie, sondern auch Können oder Nichtkönnen werden sehr genau wahrgenommen und oftmals durch deutliche Körpersprache oder Wortwahl kommentiert.

Die beste Möglichkeit, um eine Klasse zu funktionierenden Gruppen zusammenzustellen, ist, sie selbst entscheiden zu lassen. Gibt es beispielsweise drei Spielfelder, auf denen später 2 gegen 2 gespielt wird, sollen sich diejenigen zusammenfinden, die innerhalb des Feldes zusammenspielen oder gegeneinander spielen wollen. Wie dann die Teams zusammengestellt werden, entscheiden die Schüler dann innerhalb ihres „Feldes".

Dieses Vorgehen hat erfahrungsgemäß eine große Erfolgschance, da keiner sich gedrängt fühlen muss, in dieser oder jener Mannschaft zu spielen.

Wird immer eine bestimmte Anzahl Spieler benötigt, kann hier und da ein Härtefall entstehen, der dann vom Lehrer gelöst werden muss.

Weitere bekannte Möglichkeiten sind das „Wählenlassen" oder Einteilen durch den Lehrer.

Das „Wählen" hat einen schlechteren Ruf, als es verdient. Natürlich kann man argumentieren, dass die Selektion durch andere hart ist, aber diese Auswahl trifft die Kinder in so vielen Phasen ihres Lebens mit viel härten Konsequenzen, als in einem Spiel in der vermeintlich schwächeren Mannschaft zu sein. Lässt man beispielsweise etwas Schwächere die Aufgabe übernehmen, können diese auch auf anderem Weg profitieren.

Eine weitere Möglichkeit der Einteilung durch den Lehrer ist das Abzählen. Werden z. B. vier Mannschaften benötigt, zählt man die sitzenden Kinder 1-8 ab. Im Anschluss entscheidet man, welche Zahlen zusammen ein Team bilden (1+3, 4+6, . . .). Damit ist der Zufall der Co-Trainer bei der Teamzusammenstellung. Um jetzt noch die Meinung der Schüler über die Teamzusammensetzung miteinzubeziehen, bietet sich das „Daumen-Feedback" an.

Sie fragen die Kinder, nachdem alle Teams beisammenstehen, ob sie so spielen wollen. Jedes Kind darf „Daumen hoch", „Daumen zur Seite" oder „Daumen runter" anzeigen. Zeigt die Mehrzahl nach unten, ist eine Neuwahl vielleicht eine sinnvolle Option, bevor das Spiel beginnen soll. Die Liste der Möglichkeiten, um Teams zu bilden, ist sicher noch sehr lang, allerdings kann ein gut beherrschtes kleines Repertoire die eigene Souveränität positiv beeinflussen.

Fünf wichtigste Fragen!

1. Haben die Kinder Spaß am Spiel? (Gruppe, Anspruch der Aufgabe)
2. Werde ich jedem Kind (annähernd) gerecht? (Allen gerecht zu werden, ist unmöglich!)
3. Besteht die Chance auf individuelle Lernerfolge? (Differenzierung)
4. Wollen die Kinder „noch einmal" Fußball spielen? (Feedback)
5. Bin ich als Lehrer im Prozess immer souverän, um die Kinder miteinzubeziehen? (Coaching)

1.2 Die Rahmenbedingungen

1.2.1 Stellenwert an der Schule

Der Stellenwert eines Fachs an der entsprechenden Schule bestimmt auch weitestgehend die Rahmenbedingungen. Ist das Fach in einen schulischen Schwerpunkt integriert bzw. bestehen bestimmte Förderungsmöglichkeiten und Kooperationen, sind die Voraussetzungen, um anspruchsvollen Unterricht durchzuführen, meistens vielfältiger.

Sofern das Fach eines wie jedes andere ist, sollte zumindest die Basisausstattung vorhanden sein. Da auch dies nicht immer die Regel ist, ist dieser Punkt wichtig, um sich Möglichkeiten und Einschränkungen vor Augen zu führen und dementsprechend die Unterrichtsoptionen abzuwägen.

Sind die Rahmenbedingungen kompliziert, führt das meist zu geringerer Qualität im Unterricht, da einfach vieles angepasst werden muss. Interessante Optionen fallen oft weg und es bleibt trotz hoher Motivation lediglich das einfache Spiel übrig.

Gerade in dieser Situation liegt eine riesengroße Chance. Das Spiel hat den vermutlich größten Aufforderungscharakter und bietet gleichzeitig so viele Möglichkeiten, um zu variieren und auch zu coachen.

Verlagert man nämlich dann den Fokus von „attraktiver Unterrichtsgestaltung" mit aufwendigem Aufbau hin zu „Coachen im Spiel", hat man nicht nur Zeit gewonnen, da aufwendige Auf- und Umbauarbeiten wegfallen, sondern hat sich auch selbst auf den Weg zum besseren Coachen und Korrigieren gemacht. Denn die Rückmeldung an die spielenden Kids ist das, worauf es ankommt. Da dies leider nicht so einfach ist, wie gerade beschrieben, bedarf es einer ausführlicheren Darstellung der Thematik in Kap. 2.

Im Großen und Ganzen spielt es mehr oder weniger keine Rolle, wie die Rahmenbedingungen sind. Aus jeder Situation lässt sich ein entsprechender Mehrwert generieren, auch wenn es keine Dauerlösung ist, unter schlechten Bedingungen zu arbeiten.

Die im Folgenden vorgestellten Unterrichtsreihen können also auch, in einzelne Elemente reduziert, durchgeführt werden. Es kann lediglich ein Hauptteil als Stundeninhalt akzentuiert durchgenommen werden. Wahlweise ergänzt durch die in anderen Stundenbildern vorgestellten Spiel- und Übungsformen sind vielfältige Kombinationen unter den entsprechenden Rahmenbedingungen möglich.

1.2.2 Material

Hinsichtlich geeigneter Materialien sind nach oben keine Grenzen gesetzt. Letztlich entscheiden der Unterrichtsstil und die Verwendungsmöglichkeiten über den Nutzen des entsprechenden Materials. Elementar sind Leibchen in verschiedenen Farben, Markierungshütchen und natürlich Bälle.

Da hier meist gespart wird, folgender Tipp: Es gibt immer ein Sportgeschäft, mit dem man zusammenarbeiten kann! Daraus ergeben sich in der Regel gute Konditionen oder auch Sachspenden.

Weiterhin sollte auf entsprechende Qualität der Bälle geachtet werden, um auch eine gewisse Langlebigkeit zu garantieren. Die Bälle sollten auch dem Adressatenniveau angepasst werden. Bei kleinen Kindern bieten sich Lightbälle in kleineren Größen an, um weniger Kraft aufwenden zu müssen, Erfolgserlebnisse zu steigern und einen besseren Einstieg zu ermöglichen.

Alternativ sind Futsalbälle eine sehr gute Möglichkeit. Diese haben, aufgrund ihrer Beschaffenheit, die Eigenschaft, nicht zu springen. Dies reduziert den „Stress" bei vielen Schülern, da der Ball sich besser kontrollieren lässt. Ein Nachteil ist, dass das Schussverhalten ein anderes ist. Grundsätzlich haben sich Futsalbälle gerade für den Anfangsunterricht bewährt und sollten im ersten Schritt bevorzugt werden.

1.3 Inhalte und Themen der beiden Unterrichtsreihen

1.3.1 Konkretisierung der Inhalte

Auf der Grundlage der im vorigen Kapitel geforderten Konsequenz steht das Dribbling zu Beginn der Unterrichtsreihe „Fußball entdecken – Teil 1: Technik" im Mittelpunkt. Alle Kinder können sich beteiligen und jeder hat die Möglichkeit, individuelle Stile zu entwickeln.

Durch außerordentlich viele Ballkontakte in variantenreichen Organisationsformen schult Dribbling das Ballgefühl besonders effektiv. Nach und nach lernen die Kinder, den Ball immer besser zu kontrollieren, das heißt, ihn enger am Fuß zu führen. Dann kann der nächste methodische Schritt, das Lösen des Blicks vom Ball, eingeführt werden.

Hierbei ist besonders die Orientierung im Raum wichtig und die damit verbundenen Fragestellungen:

- Wo befinde ich mich?
- Wo ist mein Mit-/Gegenspieler?
- Wo ist das Tor?

Diese Thematik wird in Stunde 1, *Orientierungsdribbling*, behandelt. Somit wird auch der Bezug zur räumlichen Orientierungsfähigkeit hergestellt.

Ein weiterer, nicht zu unterschätzender Grund für diese starke Gewichtung des Dribblings ist die Eigenmotivation der Kinder, denn: „Kinder wollen dribbeln!" Das Dribbling ist eine sehr vielseitige Technik und stark durch individuelle Stile geprägt. Diese Tatsache sollte unbedingt ausgenutzt werden.

Um Dribblingtechniken zu finden, muss man auf verschiedene Spielsituationen eingehen. Eine Situation im engen Raum (also von Gegenspielern gedeckt) erfordert andere Techniken als das Dribbling in den freien Raum. Somit lassen sich eindeutig Formen der Ballführung bestimmten Gegebenheiten zuordnen. Die Dribblingtechniken werden in Stunde 2 behandelt.

In Stunde 3 erfolgt die Umsetzung der erarbeiteten Grundlagen in spielerischer Form. Die Thematik beschreibt die „Keimzelle des Spiels", also das 1 gegen 1. Eine erfolgreiche individualtaktische Handlung kann nur erzielt werden, wenn sie durch eine Finte realisiert wird. Finten ermöglichen also Lösungen für Problemsituationen, beispielsweise Freiräume für Anschlussaktionen zu schaffen.

In dieser Stunde geht es weniger darum, viele Finten konkret zu benennen oder zu erlernen, es geht mehr darum, individuelle Lösungsmöglichkeiten zu finden, die dem Leistungsstand der Kinder entsprechen. Dies kann bei einem schwächeren Schüler eine ganz andere als bei einem starken fußballerisch Geübten sein.

Grundlegend sind folgende Merkmale bei aller Individualität zu beachten: Bewegungsdynamik bedeutet, dass die Bewegung glaubhaft durchgeführt werden muss. Tempowechsel und ein Repertoire an Finten, das dem Leistungsstand entspricht, sind ebenfalls bedeutsam.

Im Vereinsfußball liegt der Schwerpunkt auf der Ausführung häufig verwendeter Finten. Im Fußballunterricht in der Schule ist es sinnvoll, keine Vorgaben zu machen und Eigenkreationen den Vorrang zu lassen. Somit wird auch der Spaß am Spiel nicht durch zwanghafte Vorgaben beeinträchtigt. Sobald die Grundlage, also die Ballbeherrschung in Grobform, gewährleistet ist, kann man mit den weiteren Techniken Passen und Schießen beginnen.

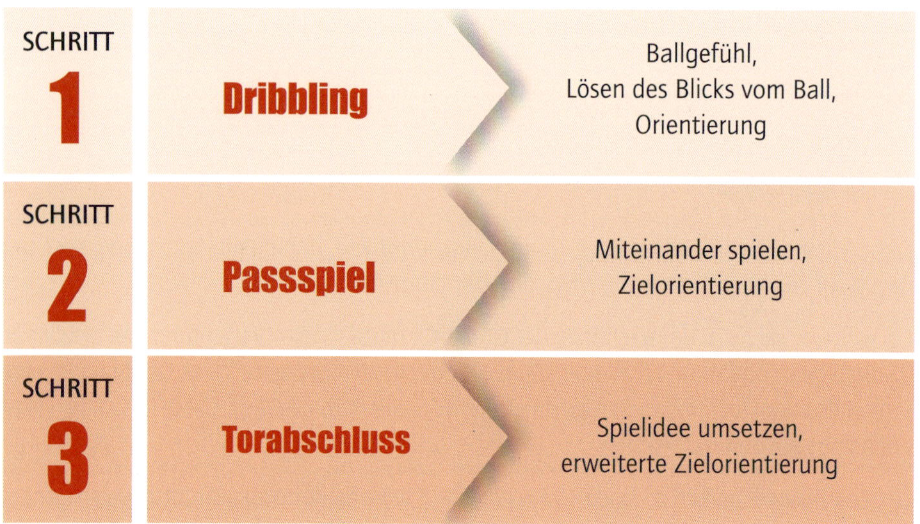

Abb. 1: Reihenfolge der Inhalte

In der vorgestellten Reihe wird eine Unterrichtsstunde dem Passspiel gewidmet. Ebenso wie beim Dribbling muss ein grundlegendes Ballgefühl entwickelt werden. Daher wurde das Thema Dribbling auch als Erstes behandelt.

Zur Umsetzung des Passspiels werden verschiedene Stationen zum Thema angeboten. Hierbei kommt insbesondere der Differenzierungsfähigkeit eine bedeutsame Rolle zu. Fragestellungen wie beispielsweise:

- „Wie viel Kraft muss ich einsetzen, damit der Ball bis zu seinem Ziel kommt?" Und:
- „Wie schaffe ich es, möglichst genau das Ziel zu treffen?",

sind hier die relevanten Themen.

Das Passspiel ist notwendige Bedingung, um ein Spiel im Mannschaftsverbund oder in der Gruppe zu realisieren. Die technischen Grundlagen, um ein sicheres Zusammenspiel zu realisieren, sollen vermittelt werden. Bedeutsam ist in diesem Zusammenhang die beidfüßige Ausführung. Im Vereinssport beziehungsweise im AG-Betrieb ist hierauf vermehrt zu achten, für den Fußballunterricht ist diese Tatsache eher von untergeordneter Bedeutung und sollte zugunsten der Ballkontrolle entsprechend behandelt werden.

Trotzdem sollten die im Folgenden angesprochenen Komponenten bei der Umsetzung der Inhalte berücksichtigt werden. Die korrekte Ausführung und die Genauigkeit beim Zuspiel hat Priorität. Ebenso liegt der Fokus auf kurzen Pässen, da aufgrund fehlender Kraft Flugbälle nicht gespielt werden können. Lange Flugbälle spielen keine Rolle im Sportunterricht, sodass im Rahmen des Schulfußballs Kurzpässe zu favorisieren sind.

Eine ähnliche Problemstellung wie beim Passen ergibt sich für das „Schießenlernen". Die Zielsetzung, den Spannstoß als effektive Technik kennenzulernen und variantenreich anzuwenden, also aus „allen Lagen" schießen zu können, ist als Ziel für den AG-Betrieb geeignet, jedoch bedarf es im Unterricht einer Reduktion der Anforderungen. Die grundlegenden Komponenten wie Schussstärke und Präzision bestimmen die Inhalte des Unterrichts.

Die variable Anwendung und die Umsetzung der Technik unter Gegnerdruck soll erwähnt werden, wird jedoch höchstens für die Fußballer im Klassenverband thematisiert werden, um eine weitere Differenzierungsmöglichkeit zu schaffen. Umgesetzt werden die Inhalte in Form von Schusswettkämpfen.

Zunächst wird versucht, im Gespräch mögliche Techniken zu erörtern. Diese sollten im Anschluss umgesetzt werden. Die Schüler erhalten bei jeder Übung unmittelbar Feedback über die Qualität ihrer Schüsse. Dies wird zwar nicht umfangreich thematisiert, ist jedoch für das Lernergebnis nicht unerheblich. Je besser jemand aber die angemessene Technik beherrscht, desto höher ist auch die Trefferquote.

Zum Abschluss des Unterrichtsvorhabens wird die Annäherung an das große Spiel forciert. In Turnierform werden Spiele mit unterschiedlicher Spieleranzahl durchgeführt. Beginnend mit 1 gegen 1 bis hin zum 4 gegen 4. In dieser Organisationsform findet sich alles, was ein Fußballspiel ausmacht. Zweikämpfe, Dribbling, Finten, Passspiel und Torabschlüsse sind immer vorhanden.

Somit konnte auch die Forderung des DFB für Wettspiele im Kinderfußball: „Kleine Teams, kleine Felder", umgesetzt werden. Neben dieser Forderung ergeben sich aus dieser Gestaltung die grundsätzlichen Vorgaben für eine Fußballeinheit in der Schule:

- so viele Ballkontakte wie möglich;
- spielerische Aufgaben und Spielnähe entwickeln;
- in kleinen Gruppen arbeiten.

Um den inhaltlichen Teil der Unterrichtsreihe abzuschließen, muss erwähnt werden, dass die Techniken der Ballan- und -mitnahme nicht explizit thematisiert wurden, da in den konzipierten Stunden eine Vielzahl von Situationen entstehen, in denen der Ball angenommen werden muss. Ein isoliertes Üben von An- und Mitnahme ist sowieso nicht förderlich. Vielmehr sollte dies in Verbindung mit Passspielaktionen geübt werden.

Als letzte offene Technik bleibt das Kopfballspiel zu besprechen. Dieses wird ebenfalls nicht thematisiert. Gründe hierfür sind einerseits mögliche Ängste der Kinder, die aufgrund der noch vorherrschenden Unerfahrenheit weiter verstärkt worden wären. Andererseits ohne entsprechendes Material (zum Beispiel Schaumstoffbälle) wäre eine Einführung ohnehin schwierig bis unmöglich.

Des Weiteren ist die Häufigkeit von Kopfbällen im Schulfußball so gering, dass dieser Inhalt zumindest in den unteren Klassen bedenkenlos gestrichen werden kann. Da mittlerweile Überlegungen zum Verbot des Kopfballspiels im Gange sind, spielt dieses hier keine Rolle.

Die inhaltlichen Bestandteile – im weitesten Sinne Techniken – ergeben sich schlichtweg aus den Forderungen des Spiels. Ohne sie ist kein Spiel möglich. Allerdings beinhaltet ein erfolgreiches Spiel – und damit ist weniger das Ergebnis gemeint –, also ein Spiel, das mit den vorgeschlagenen Regeln, den zur Verfügung stehenden Bedingungen und der Lerngruppe „funktioniert", diese Basistechniken.

Als Feedback am Ende der Stunde reicht, dass alle erschöpft, verschwitzt und freudig erregt bzw. verärgert über das Ergebnis sind. Das zeigt ohne große Nachfrage und Fragebogen, ob ein Spiel funktioniert. Denn der Aufforderungscharakter ist demnach adressatengerecht gewählt worden.

In diesem Zusammenhang ist die Bedeutung der kognitiven Prozesse in unserem Gehirn etwas näher zu verdeutlichen. Ein Spiel funktioniert nur, wenn der Spieler es schafft, den Ablauf Wahrnehmen, Entscheiden, Ausführen auch umzusetzen. In der zweiten Unterrichtsreihe „Fußball entdecken – Teil 2: Taktik" wird dieser Aspekt den Schwerpunkt bilden. Nachdem die Basistechniken geschult wurden, kann nun eine Anwendung in basistaktischen Situationen erfolgen.

Grundlage für diese Situationen sind unter anderem die Forschungen von Memmert (2019), die, aufbauend auf Kröger und Roth (1999), die folgenden Situationen vorschlagen.

Tab. 1: Basistaktiken im Fußball nach Memmert (2019)

Das Ziel ansteuern
Den Ball dem Ziel annähern
Zusammenspiel
Die Lücken ausnutzen
Gegnerbehinderung umgehen
Eine Überzahl herausspielen

Diese „Basistaktiken spielen bei der Entwicklung der allgemeinen Spielfähigkeit oder Spielintelligenz eine herausragende Rolle (vgl. Memmert & König, 2012, in Memmert, 2019, S. 48)." Diese Verhaltensmuster bilden jeweils einen Schwerpunkt für die folgenden Unterrichtsstunden.

Das „Ziel ansteuern" befasst sich mit der Aufgabenstellung: „Von wo und wann kann ich schießen bzw. passen?" Dazu werden zunächst vielfältige Ziele angesteuert, dann wird konkreter in Richtung Tor agiert.

In Stunde 2 wird der „Ball dem Ziel angenähert". Auch wenn sich Schnittpunkte hinsichtlich der Übungsgestaltung mit Stunde 1 ergeben können, liegt der Coachingfokus doch auf einem anderen Schwerpunkt. Es geht im Wesentlichen darum, den Ball in eine bestimmte Zielzone, wie auch immer diese gestaltet ist, zu bringen. Im Prinzip die Weiterführung der Thematik „Ziel ansteuern".

Das Zusammenspiel wird in der dritten Stunde akzentuiert behandelt. Hierbei muss zwangsläufig auf die in Reihe 1 erlernten Techniken zum Zusammenspiel zurückgegriffen werden. Diese sollen nun unter grundlegenden taktischen Fragestellungen angewandt werden. Dazu gehören:

- Wo ist mein Mitspieler und wie fest muss der Pass gespielt werden?
- Welchen Fuß oder welche Technik nutze ich, um den Ball spielen zu können?

In Stunde 4 geht es darum, „Lücken auszunutzen". Memmert versteht darunter „eine taktische Aufgabenstellung zu nutzen, bei der es darauf ankommt, in der Auseinandersetzung mit Gegenspielern (individuell) Zwischenräume für die Chance eines Abspiels oder Punktgewinns zu nutzen." Was sich kompliziert anhört, ist letztlich recht einfach: Solange ein Gegenspieler im Weg ist, ist kein Pass oder Schuss möglich.

Also steht die Frage nach der „Lücke" im Vordergrund:

- Wie kann man eine Lücke finden oder sogar schaffen?

Eine Gegnerbehinderung umgehen und Überzahlsituationen herausspielen, werden die beiden nächsten Stunden inhaltlich bestimmen. Gerade beim Thema „Gegnerbehinderung umgehen" wird der Bogen zu den Themen „1 gegen 1" und „Finten" aus Teil 1 von „Fußball entdecken" geschlagen. Letztlich wird hier das Thema noch einmal intensiver bearbeitet.

Das Herausspielen einer Überzahl ist sehr komplex. Unter Umständen zu komplex für den Schulfußball. Allerdings bildet es ein wichtiges Element für die Spielfähigkeit – auch in anderen Sportspielen.

Innerhalb der zweiten Unterrichtsreihe geht es darum, die Spielfähigkeit durch Basistaktiken weiterzuentwickeln. Zielsetzung ist es, mit möglichst vielen spielerischen Inhalten Basis-Know-How zu entwickeln und mithilfe von Techniken umzusetzen. Hilfestellungen für ein tiefer gehendes Verständnis bei der Auswahl der Inhalte bieten die nächsten Abschnitte.

1.3.2 Wahrnehmen, Entscheiden, Ausführen

„Eine richtige visuelle und gedankliche Lösung eines Problems, das sich im Spiel ergibt, ist der Schlüssel, der uns die Tür zur nächsten korrekten Spielaktion aufschließt" (Wein, 2009, S. 158).

Mit diesem prägnanten Zitat verdeutlicht Horst Wein die Bedeutung des kognitiven Prozesses der Entscheidungsfindung und damit seiner bewussten Akzentuierung im Unterricht bzw. im Spiel. Das Entscheidungsverhalten setzt sich im Wesentlichen aus der Wahrnehmung, der darauf folgenden Entscheidung und der letztlich umgesetzten Ausführung zusammen.

Da es sich hierbei um einen extrem komplexen Prozess handelt, wäre eine ausführliche Darstellung nicht zielführend. Vielmehr sollen ein paar Basics ein besseres Verständnis des Prozesses ermöglichen. Diese lassen sich am besten anhand eines Beispiels aufzeigen. Die vorgestellten Aspekte helfen, die relevanten Inhalte von der abstrakten auf die reale Ebene herunterzubrechen und den Prozess der Entscheidungsfindung im Spiel zumindest zu verdeutlichen.

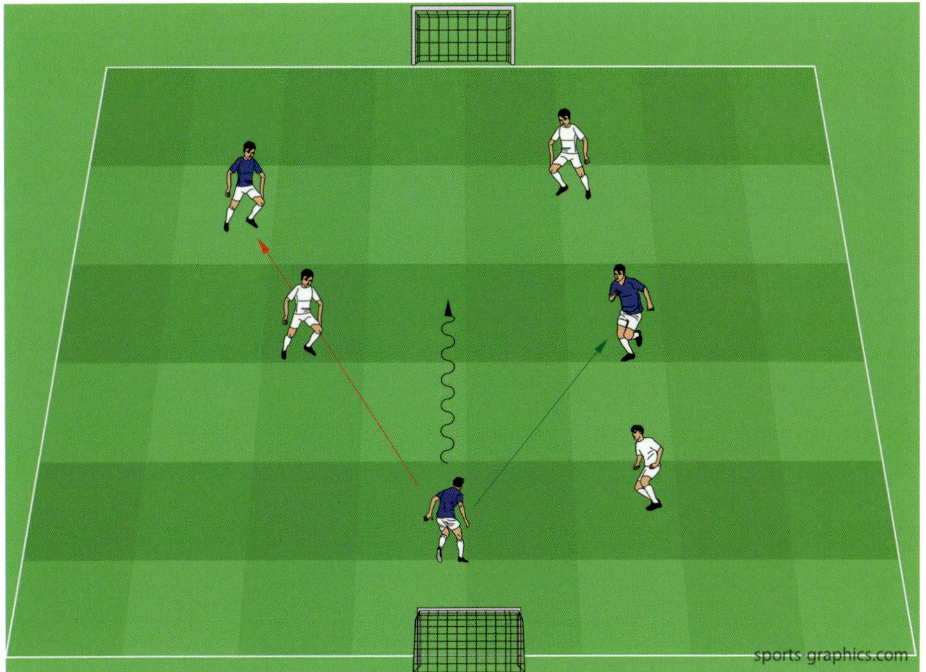

Abb. 2: Beispiel 3 gegen 3 auf zwei Tore

In einem Spielfeld mit zwei Minitoren wird 3 gegen 3 gespielt. Der Spieler in Ballbesitz am unteren Rand des Feldes hat, ausgehend von seiner Position, das komplette Spiel vor sich. Wenn er den Kopf nach rechts und nach links dreht, kann er das Feld „scannen" und seine Optionen abwägen.

Blickt er nur auf den Ball oder zu einem bestimmten Spieler, ist sein Blickfeld eingeengt und somit seine Wahrnehmung eingeschränkt. Durch dieses Verhalten kommt es oft zum sogenannten *Wahrnehmungsfehler*.

Ein Wahrnehmungsfehler liegt vor, wenn beispielsweise die Position eines Mitspielers besser eingeschätzt wird, als diese tatsächlich ist, also beispielsweise der direkte Gegenspieler weiter entfernt ist und der Mitspieler damit „frei" ist. Eben deshalb ist es wichtig, den Kopf zu heben und alles im Blick zu haben.

Hierbei ist das Feedback des Lehrers elementar, um die Kinder dafür zu sensibilisieren, dass ein Lösen des Blicks vom Ball viel mehr hilft, als es schadet. Ein möglicher Verlust der Ballkontrolle wird von den Kindern oft befürchtet. Langfristig verbessert es sogar diese.

Anhand unseres Beispiels kann der Spieler mit Ball sich für drei offensichtliche Lösungen entscheiden:

1. Das Dribbling, da der Raum vor ihm komplett frei ist.
2. Den Pass zum Mitspieler rechts und
3. den Pass zum Mitspieler links.

Lässt es das Regelwerk des Spiels zu, direkt auf das Tor zu schießen, wäre das Option 4.

Nimmt der Spieler alle diese Möglichkeiten wahr, hat er zumindest alle Optionen abgeklärt und damit die Gesamtsituation im Blick. Um die Wahrnehmung der Schüler zu überprüfen, kann man Folgendes fragen:

- „Welche Möglichkeiten gibt es denn, um weiterzuspielen?"
- „Welche Möglichkeiten hast du, um abzuspielen?"

Im nächsten Schritt erfolgt die Bewertung der Optionen. Hier macht das Gehirn einen Abgleich mit unserem Erfahrungswissen, das im Arbeitsgedächtnis gespeichert wird. Darunter fallen alle Erfahrungen, die in irgendeiner Art und Weise der Problemlösung zuträglich sind.

Je mehr induktive Prozesse der Sportunterricht bietet, vor allem das Spiel – hierbei ist jegliche Form von Spiel gemeint –, desto mehr Material hat das Gedächtnis zu verarbeiten und im Bedarfsfall abzurufen.

Wie schon eingangs erwähnt, ist der Prozess komplexer, als hier formuliert. Deutlich wird dies durch die sogenannten *exekutiven Funktionen*, die unter anderem dabei helfen, die Vielzahl der Informationen gleichzeitig zu verarbeiten.

Um tiefer in die Thematik einzutauchen, empfiehlt sich ein Blick in die weiterführende Literatur von Daniel Memmert oder René Paasch (2018), die sich ausgiebig mit diesen Themen auseinandergesetzt haben. Mittlerweile befindet sich der Spieler auf der zweiten Ebene, der Entscheidungsebene. Daher kann eine nicht erfolgreiche Aktion das Resultat eines Entscheidungsfehlers sein.

Letztlich könnte es auf der Entscheidungsebene folgende Lösungen geben:

1. Der Spieler dribbelt in den freien Raum (aus meiner Sicht die beste Lösung).
2. Er spielt nach rechts zum Mitspieler, der zwar zwischen zwei Gegenspielern steht, aber anspielbar ist.
3. Er versucht, den Spieler links ins Spiel zu bringen. Dieser steht aber im sogenannten *Deckungsschatten* und ist nicht anspielbar.

Als Letztes läuft die Aktion auf der Ebene der Ausführung, also eines sichtbaren Prozesses. Angenommen, der Spieler entscheidet sich für die zweitbeste Lösung, also den Pass nach rechts. Dosiert der Spieler seinen Pass falsch, ob zu fest oder zu locker, spielt keine Rolle, kann der Gegenspieler in Ballbesitz gelangen. Somit macht ein technischer Fehler (die Ausführung) die vorherigen, eventuell richtigen Prozesse zunichte.

Neben der Dosierung kann die Fußhaltung auch dazu führen, dass der Ball nicht die gewünschte Richtung nimmt und verloren geht.

Als Hilfsfrage hat es sich bewährt, nach dem *Wie?* zu fragen, also wie soll der Ball gespielt werden? Dabei ist es aber trotzdem wichtig, die individuelle Lösung des Spielers anzuerkennen und damit zu arbeiten.

Der Ausführungsfehler ist also unter Umständen auch das Zünglein an der Waage, wenn es um erfolgreiches (funktionierendes) Spielen geht. Daher liegt der Fokus häufig auf der technischen Ausbildung in oftmals stupiden Übungsformen, anstatt auf dem freien Spiel.

1.3.3 Spielintelligenz und Kreativität

Das vorgestellte Beispiel zeigt also verschiedene Lösungen und deren Bewertung. Es gibt innerhalb des Lösungsspektrums immer eine *beste Lösung*. Diese beste Lösung ist synonym zur Spielintelligenz zu verstehen. Im Klartext bedeutet das, je weniger Fehler bei steigendem Druck jemand im Spiel macht, desto höher ist seine Spielintelligenz. Momente, die sich durch Spielintelligenz auszeichnen, finden sich in jedem Spiel, auf die eine oder andere Art und Weise.

Eine weitere Möglichkeit ist eine Lösung, die niemand erwartet, oder eine außergewöhnlich *ungewöhnliche Lösung* darstellt. Hier befinden wir uns im Bereich der Kreativität. Daher der (in Kap. 1.3.1) eindringliche Appell, die Lösung des Spielers ernst zu nehmen und ihm nicht unbedingt eine andere Lösung aufzudrängen.

Die Spielerlösung kann oftmals am besten die eigenen Voraussetzungen abbilden, ein vielleicht festgefahrenes Denkmuster aufbrechen und einen Mehrwert bieten. Führt die Spielerlösung dauerhaft zum Fehler, dann bedarf es einer Intervention.

Die Kreativität zeigt sich am ehesten, wenn man sich als Lehrer möglichst unauffällig am Spielfeldrand hält. Jeder Eingriff führt zu Einschränkungen oder im schlimmsten Fall zu gehemmtem Verhalten. Vielmehr bietet sich eine Sammlung von Lösungen am Ende des Spiels an. Gegebenenfalls können die Schüler entscheiden, welches die beste oder kreativste Lösung war.

Zusammenfassend bleibt zu sagen, dass das Wissen über den Ablauf der kognitiven Mechanismen zu besseren Spiel- und Übungsformen, zu besserem Feedback und zu besseren Entwicklungsprozessen führt. Sicherlich ist diese Art des Unterrichts nicht immer möglich, da sie auch im kognitiven Bereich viel Vorbereitung erfordert.

Kombiniert man technische Ausbildung und setzt Akzente bei kognitiven Prozessen, kann auch der Lehrer nicht mehr verhindern, dass die Kinder etwas lernen.

1.3.4 Technik und der Unterschied zwischen Korrektur und Feedback

Da selbst der erfahrene Sportler nicht immer in der Lage ist, sein Handeln bzw. seine Ausführungen in klare Worte zu packen, ist es also nur legitim vonseiten des weniger Erfahrenen, Defizite zu haben. Sicherlich hilft es, wenn man „aus der Sportart kommt", um das Gefühl besser transportieren zu können.

Allerdings lässt sich Technikfeedback sehr gut anhand von fixen Kriterien umsetzen, auch ohne auf eine lange aktive Laufbahn zurückblicken zu können. Eine gute Beobachtungsgabe und die richtige Wortwahl sind sehr gute Voraussetzungen, damit die Information auch ankommt.

Der Begriff Feedback wird oft synonym, vielleicht auch unbewusst, mit Korrektur bzw. Korrigieren verwendet. Der Begriff Feedback ist besser geeignet, da damit nicht dauerhaft und permanent eine Korrektur gemeint ist, sondern auch mal eine Standortbestimmung oder Frage.

Eine Korrektur sollte nur dann erfolgen, wenn, aufgrund der Ausführung, die Ziele, die mit der Technik verfolgt werden, nicht erreicht werden können und wenn sich ein offensichtlich völlig falscher Bewegungsablauf einzuschleifen droht. Ist das geschehen, ist es unheimlich schwer, diesen „Fehler" in der Ausführung wieder rückgängig zu machen.

Entspricht eine Ausführung nicht der angestrebten Idealvorstellung, dann ist das keinesfalls ein Problem, solange das Ziel erreicht wird. Die individuelle Lösung eines Spielers hat Vorrang!

Die Basistechniken im Fußball wurden schon in vielen Publikationen mithilfe von Bildreihen dargestellt. Letztlich aber immer im Kontext des Vereinsfußballs, welcher natürlich viel mehr Zeit und viel mehr Möglichkeiten bietet, um zu lernen, als das der Schulfußball vermag. In der Regel stehen zwei Wochenstunden (90 Minuten) zur Verfügung. Daher sollen die relevanten Techniken in reduzierter Form vorgestellt werden.

Im Folgenden werden die Basistechniken, inklusive möglicher Korrekturen und Fehlerquellen, anhand von Bildern beschrieben. Alternative Ausführungen werden ebenfalls erläutert, um ein Bild von weiteren Optionen zu haben.

Die vorgestellten Techniken beziehen sich nur auf flache Bälle. Auf Schulniveau (Anfängerunterricht!) sind Flugbälle oder hohe Bälle kein zielführender Inhalt und werden daher im Normalfall weggelassen.

Gleiches gilt für Finten im Speziellen. Sicher sind Täuschungen relevant, aber nicht in der Form, dass sie die Spielfähigkeit im Schulfußball bestimmen. Das Thema Finten ist auch Bestandteil der Unterrichtsreihe, allerdings weniger hinsichtlich Repertoire, sondern eher hinsichtlich Lösung der Aufgabe: am Gegner vorbeikommen.

Die wichtigsten Techniken im Schulfußball

1. **Dribbling** (gemeint ist die Ballführung mit Innen- und Außenseite)

- Mit dem Ball laufen.
- Ob mit der Innen- oder Außenseite des Fußes gespielt wird, spielt keine Rolle, am besten ist die Fußspitze angezogen.
- Der Fuß kickt den Ball jeweils leicht zur Seite.

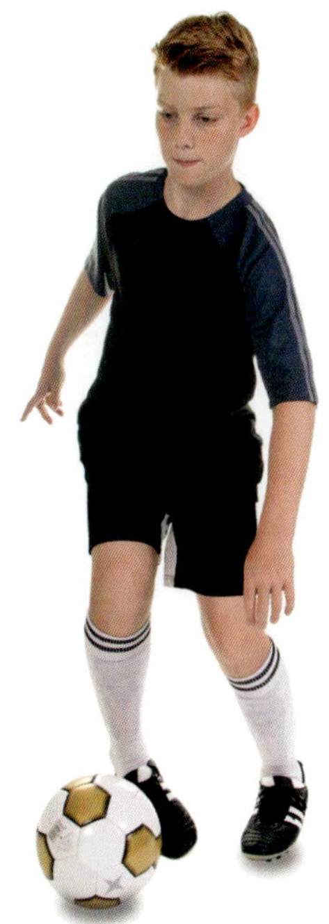

2. **Passspiel** (gemeint ist der Innenseitstoß)

- Frontal zum Ball laufen.
- Das Standbein neben den Ball setzen.
- Den Oberschenkel und die Fußspitze nach außen drehen.
- Den Ball zentral mit der Fußmitte treffen und durchschwingen.

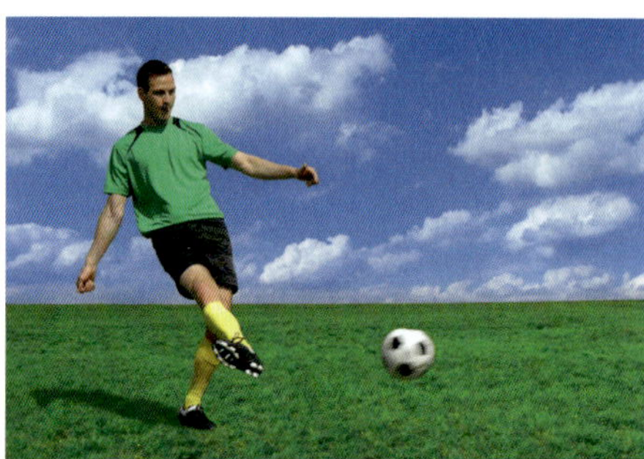

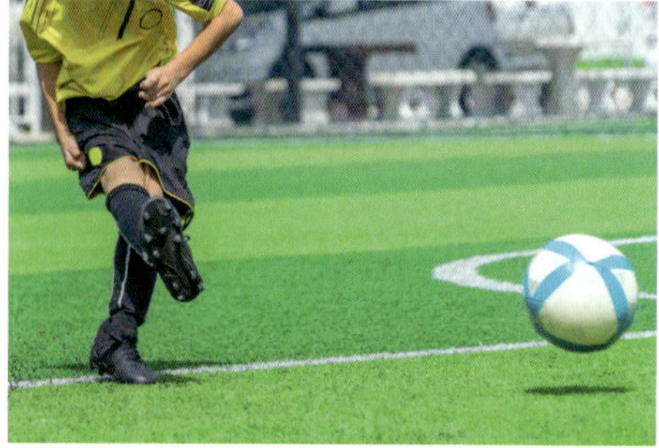

3. **Schuss** (Spannstoß, wobei hier meist ein Innenspannstoß anstelle eines Vollspannstoßes herauskommen wird)

- Schräg zum Ball anlaufen.
- Mit dem Fuß unter den Ball kommen, die Fußspitze ist gestreckt.
- Das Knie kommt über den Ball und schwingt durch.

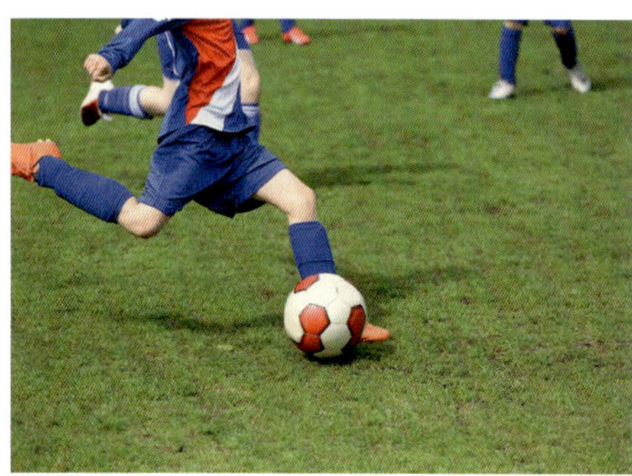

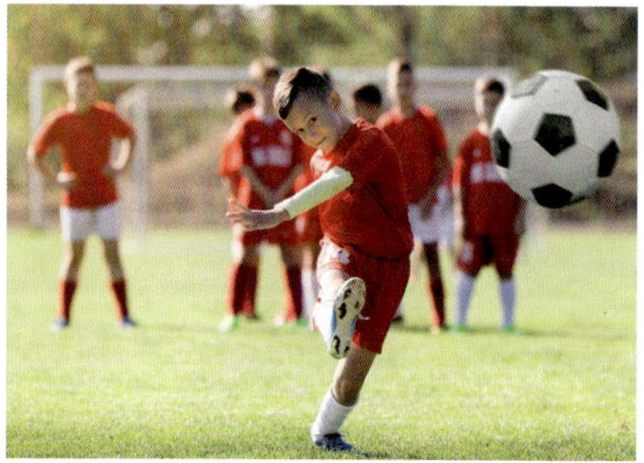

4. **An- und Mitnahme** (gemeint ist die Innen- und Außenseite des Fußes)

- In Ballerwartungshaltung sich zentral hinter dem Ball positionieren.
- Die Fußspitze anziehen und das Gewicht auf das Standbein verlagern.
- Den Ball „ansaugen", das heißt, ihm entgegengehen.
- Das Tempo verlangsamen und den Ball in die Bewegungsrichtung mitnehmen.

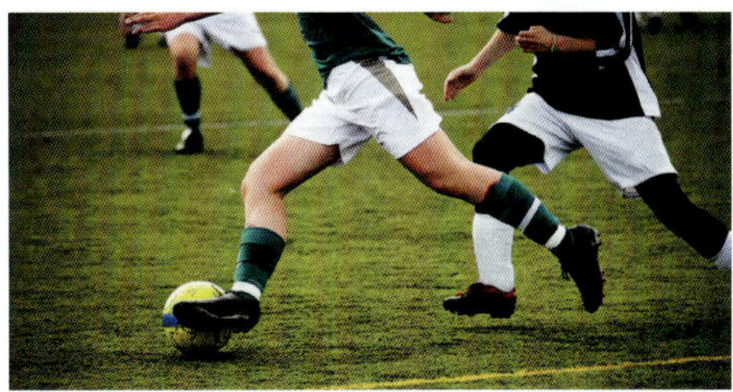

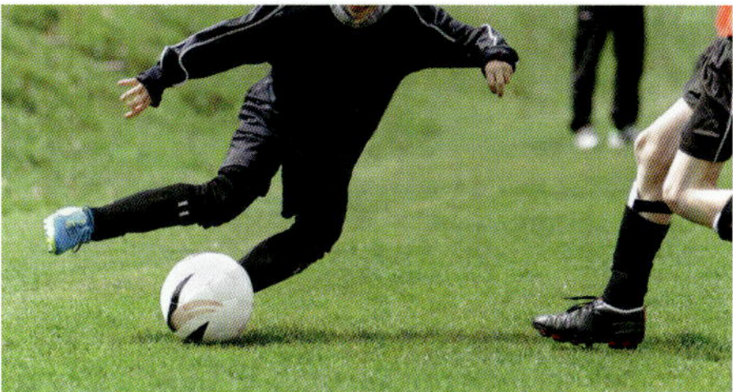

5. **Umschauen**

Der 360-Grad-Blick ist elementar für eine gute Spielübersicht.

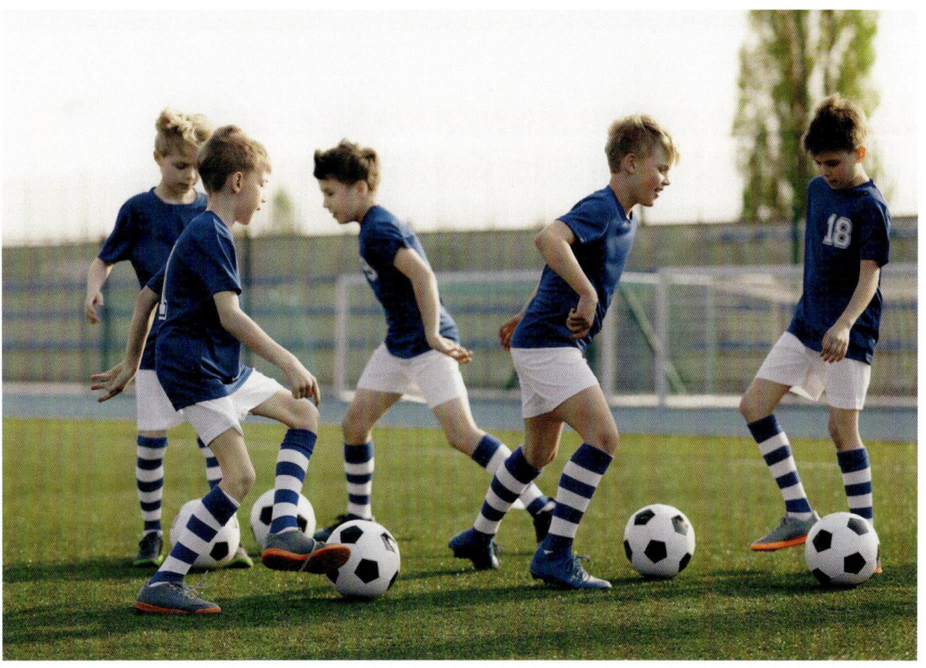

6. **Den Blick vom Ball lösen.**

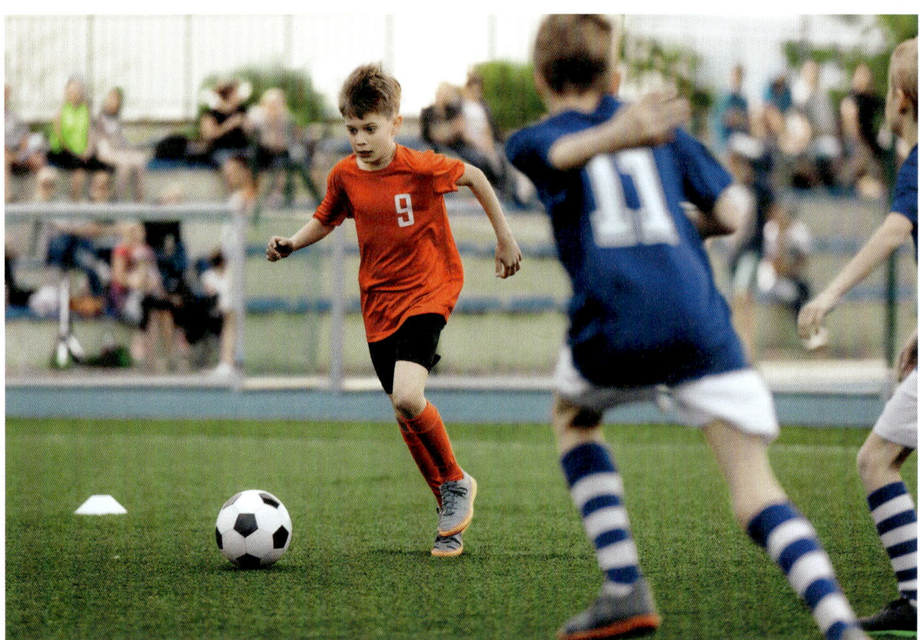

1.3.5 Stundenaufbau: Auswahl der Spiel- und Übungsformen unter den Aspekten Bewegungszeit und Ballkontakte

Die Unterrichtseinheiten sind in der Regel folgendermaßen aufgebaut:

- Kreativphase (nicht explizit im Verlaufsplan erwähnt),
- Aufwärmen,
- Problemorientierung im Unterrichtsgespräch,
- Hauptteil als Erarbeitungsphase,
- Reflexion im Unterrichtsgespräch und
- Abschlussspiel als motivierender Abschluss.

Da sich Kinder meistens unterschiedlich schnell umziehen und ein kleines Vakuum vor dem eigentlichen Unterrichtsbeginn entsteht, kann eine sogenannte *Kreativphase* (oftmals auch als *Tummelphase* bezeichnet) oder auch freie Spielphase eingebaut werden. Je nach Möglichkeiten reduziert sich die Zeit in der Umkleide massiv, da jeder dabei sein will.

Diese Phase ist völlig selbstgesteuert und der Lehrer greift nicht ein, gibt lediglich einen Rahmen vor. Beispielsweise kann es möglich sein, dass jeder sich einen Ball seiner Wahl nimmt und damit macht, was er gerade möchte. Auch wenn es nichts mit Fußball zu tun hat.

Das Aufwärmen weist dann schon in die thematische Richtung und hilft, in der folgenden Problemorientierung Aspekte besser aufgreifen zu können. Das Aufwärmen bietet aber auch die Möglichkeit, einen völlig anderen Inhalt zu wählen. Dann würde sich die Problemorientierung in die Hauptphase verlagern. Das ist absolut nicht dramatisch. Manchmal sind nicht vorbereitende Inhalte genauso gut oder sogar besser. Hier gilt: Bewegung vor Theorie!

Die Problemorientierung ist die erste kognitive Phase, die eine Problemstellung aus dem Aufwärmprogramm aufgreift, um diese im Hauptteil zu lösen. Der Hauptteil sollte zeitlich den größten Umfang aufweisen, damit die Bewegungszeit (damit auch die Ballkontakte) gewährleistet ist. Dieser kann eine oder mehrere Spiel- und Übungsformen umfassen, je nach Bedarf.

In der sich anschließenden Reflexionsphase wird die Problemstellung mit den erarbeiteten Lösungen besprochen und bestätigt oder widerlegt.

Als motivierender Abschluss bietet sich ein Spiel ohne umfangreiche Regeln oder ein Wettkampf in Teams an (z. B. Dribblingstaffel).

Merke

Der vorgestellte Unterrichtsablauf wird jeder Lehrprobenkommission standhalten, hat aber nicht immer was mit der Realität zu tun. Sollte die zur Verfügung stehende Zeit (die ist es meistens) dem Plan einen Strich durch die Rechnung machen, steht immer die Frage nach der Bewegungszeit und damit der Anzahl der Ballkontakte im Vordergrund.

Klartext

Welche Phase kann ich streichen, ohne Bewegungszeit zu verlieren? Aus meiner Sicht sind das die kognitiven Phasen, die sicherlich mit etwas Erfahrung in die Spiel- oder Übungsform integriert werden können, indem die eine oder andere Frage eingestreut wird.

KAPITEL 2

GESPRÄCHSFÜHRUNG UND COACHING

2.1 Von Anweisungen zu Impulsen

Im Standardwerk der Kommunikation, *Miteinander Reden*, hat Friedmann Schulz von Thun (2013) die Basis für das Verständnis und die Gestaltung von Kommunikation gelegt. Mit dem Bild des Empfängers und des Senders sowie der verschiedenen Ebenen, auf denen kommuniziert werden kann, wird der Vorgang einfach dargestellt, aber umso präziser die Bedeutung der „richtigen" Sprache deutlich. Hierbei sind zwei Aspekte beachtenswert:

1. Wer ist der Adressat?
2. Welche Form der Informationsweitergabe bevorzuge ich?

Wer ist der Adressat?

Es macht einen Riesenunterschied, ob ich einem Zehnjährigen oder einem Erwachsenen die Verhaltensweisen in einem Fußballspiel erklären will. Daher ist die Herangehensweise eine völlig andere, auch wenn der Inhalt theoretisch derselbe ist.

Kinder und Jugendliche haben völlig andere Voraussetzungen als Erwachsene, insbesondere im Erfahrungswissen. Ihr Vorteil daher ist aber, dass sie nicht wie Erwachsene auf jahrelange Erfahrungen zurückgreifen können und diese miteinbringen können. Sie sind oft erstmals mit einem „Problem" konfrontiert und das Gehirn sollte dann damit arbeiten dürfen.

Das bedeutet, die Aufnahme von Informationen ist möglicherweise etwas eingeschränkt im Vergleich zum Erwachsenen oder auch im Unterschied zwischen Kindern und Jugendlichen, aber bietet die Chance zu einer vielfältigen Lösung, Umsetzung oder Anwendung.

Bei Kindern und Jugendlichen ist es wichtig, die entsprechenden Entwicklungsphasen zu berücksichtigen und zu kennen. Das heißt, ein Schüler der Klasse 5 hat in der Regel aus entwicklungspsychologischer Sicht ein anderes Niveau an Informationsverarbeitung als ein Schüler der Klasse 10.

Da wir uns inhaltlich im Bereich der Unterstufe (Klasse 5-7) befinden, sind folgende Gedanken zur Ansprache elementar:

- Kinder sind keine Erwachsenen, somit sollte eine kindgemäße Sprache verwendet werden.
- Versuchen Sie, individuell und sehr geduldig zu sein.
- Empathie bei Fehlern, keine Kritik, eher ein Verbesserungsvorschlag.
- Weniger Informationen sind oft ein Mehrwert.

Welche Form der Informationsweitergabe bevorzuge ich?

Wenn wir die Begriffe Gesprächsführung und Coaching einsetzen, ist es sinnvoll, diese kurz voneinander abzugrenzen, um im weiteren Verlauf ein klares Verständnis von ihnen zu haben.

Die *Gesprächsführung* findet normalerweise in einer bestimmten Organisation zu einer bestimmten Zeit statt. Beispielsweise zu Beginn der Stunde in einem Kreis oder im Verlauf der Stunde, wenn eine bestimmte Problemstellung besprochen wird.

Das *Coaching* bezieht sich auf das kommunikative Verhalten des Lehrers zu seinen Schülern während der Spiel- und Übungsphasen. Das kann motivierende Aspekte, aber auch inhaltliche Aspekte enthalten.

2.2 Feedback statt Korrektur

Hierbei spielt der Korrekturprozess eine wichtige Rolle. In diesem Zusammenhang entsteht allein durch die Begrifflichkeit schon ein negativer Eindruck, da eine Korrektur voraussetzt, dass jemand etwas falsch gemacht hat. Beim Techniklernen gibt es zwar klare Fehler, aber es gibt auch alternative Ausführungen, die aufgrund der individuellen Ideen der Kinder für sie am besten geeignet sind und somit auch vom Lehrer zu akzeptieren sind!

Der Begriff der Korrektur schränkt die Kommunikation auf Verbesserungsvorschläge ein und bietet nicht das Spektrum an rhetorischen Möglichkeiten, welches für eine zielführende, adressatengerechte Kommunikation wünschenswert ist.

Mit dem Begriff des Feedbacks eröffnen sich viel mehr Möglichkeiten zur inhaltlichen Gestaltung der Informationen. Horst Wein (2009) formuliert es sehr treffend, indem er die Notwendigkeit, Fragen zu stellen, formuliert (S. 217). Er bezieht sich zwar auf den Vereinsfußball, jedoch lässt sich die Aussage eins zu eins auf die Schule übertragen.

„Ein guter (Jugendtrainer) Lehrer teilt seinen Schülern praktisch gar nichts mit, sondern leitet sie nur mit geschickter Fragestellung Schritt für Schritt zur eigenen Lösung eines Spielproblems" (Wein, 2009, S. 217).

Rein strukturell gibt es die folgende Reihenfolge, um den Coachingprozess zu strukturieren:

1. Instruktion – klare Anweisung,
2. geschlossene Frage,
3. offene Frage sowie
4. Impuls.

Die folgende Darstellung (Abb. 3) zeigt den Entwicklungsprozess vom Instruieren zum Inspirieren. Der allen Lehrenden bekannte Weg der deduktiven Herangehensweise ist sicher immer eine Möglichkeit, die mit weniger Aufwand unter bestimmten Voraussetzungen auch ihre Berechtigung hat.

Beispielsweise gibt es Gruppen, in denen die Kommunikation nicht einfach ist. Hier bietet sich eine deduktive Herangehensweise an, bis zu dem Zeitpunkt, an dem ein weiterer Entwicklungsschritt möglich ist. Das induktive Lernen ist die Zielsetzung, die allerdings aufgrund von zeitlichen und anderen Voraussetzungen nicht immer und in allen Bereichen möglich sein wird.

Grundsätzlich lässt sich das Bild sehr einfach zeichnen. Deduktives Coaching gibt dem Schüler klare und eindeutige Hinweise, wie er was zu tun hat. Diese Form beinhaltet lediglich die Lösung des Lehrers und nicht die des Schülers. Der Schüler hat keinen kognitiven Beitrag zu leisten und führt lediglich aus. Er bekommt das Feedback, ob er die Aufgabe korrekt oder nicht korrekt gelöst hat.

Diese Tatsache führt auch dazu, dass der zuvor vorgestellte Entscheidungsprozess schon beendet wird, bevor er richtig beginnen kann. Denn eine Auswahl an Entscheidungen gibt es bei der klaren Vorgabe der Ausführung nun mal nicht.

Der Weg zum induktiven Coaching, also die weitestgehende Selbstgestaltung des Schülers bezüglich des Problems bzw. der Aufgabenstellung, beinhaltet das Abgeben von Kompetenzen und Verantwortungen vom Lehrer zum Schüler. Vielen Lehrern fällt das schwer, da sie das Bedürfnis haben, das „Programm", den „Plan", durchzubringen hinsichtlich Zeit und Menge an Inhalt.

Der Entwicklungsprozess von deduktiv zu induktiv kann sehr zeitintensiv sein, allerdings langfristig viel nachhaltiger sein, da Problemstellungen zum Teil auch auf andere Sportarten, z. B. vom Fußball auf Basketball, übertragen werden können.

Der Mutige in dieser Beziehung muss in erster Linie der Lehrer sein, der Kontrolle abgibt, um einen wirklichen Lernprozess zu initiieren. Die Unsicherheit, die dabei mitschwingt, wird jeder am eigenen Leib erfahren, weil nicht immer klar ist, was als Nächstes kommt. Hierbei ist die Erfahrung eines Unterrichtenden natürlich sehr hilfreich.

Führt man die vorliegenden Unterrichtsreihen zum dritten Mal durch, sind bestimmte Ereignisse völlig entspannt zu meistern, ohne durch massive Instruktionen Einfluss zu nehmen. Also geben Sie sich genauso Zeit wie den Schülern.

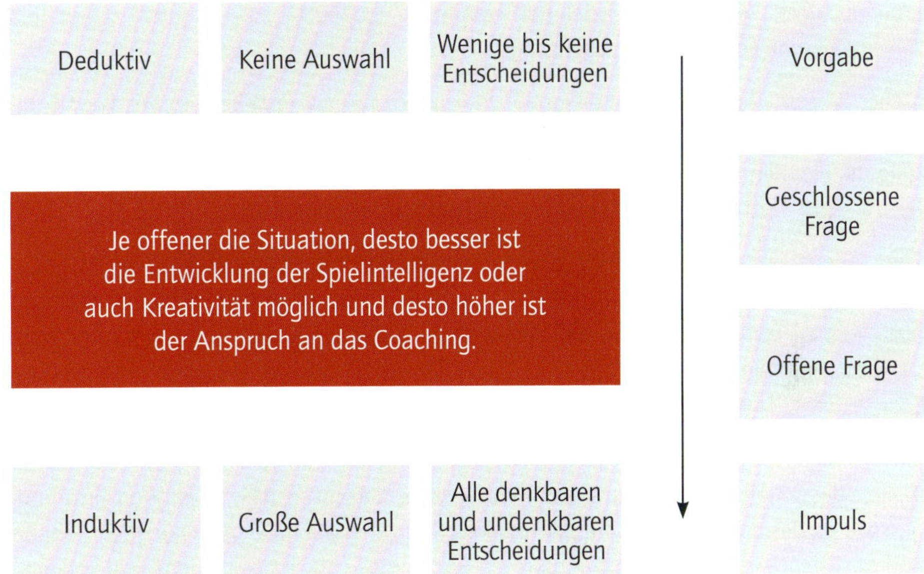

Abb. 3: Coachingoptionen

Anhand eines konkreten Beispiels werden die verschiedenen Etappen des Prozesses verdeutlicht:

Sie führen gerade das Passspiel ein und thematisieren den Innenseitstoß. In einer deduktiven Anweisung würde sich das folgendermaßen anhören:

„Stelle deinen linken Fuß neben den Ball und schwinge mit dem rechten Bein von hinten nach vorne durch. Versuche, den Ball in der Mitte der Fußinnenseite zu treffen!" Mit deduktiven Instruktionen lässt sich natürlich eine bestimmte technische Ausführung sehr präzise beschreiben und kontrollieren.

Eine geschlossene Frage als weiteren Entwicklungsschritt, bezogen auf die technische Ausführung, könnte sich so anhören: „Mit welchem Teil des Fußes musst du den Ball treffen, damit du ihn zum Mitspieler passen kannst?"

Hierbei gibt es mehrere Antwortmöglichkeiten, allerdings im Regelfall auf 2-3 beschränkt. Es könnte als Antwort kommen: „Innenseite, Außenseite, Spitze, Spann."

Die offene Frage bezieht nun auch immer mehr das Entscheidungsverhalten des Schülers mit ein. Hier haben wir einen großen Schritt von stupidem Technikausführen hin zum *Wahrnehmen-Entscheiden-Ausführen*. Diese könnte lauten: „Wie kannst du den Ball am sichersten zum Mitspieler passen?"

Jetzt beginnt die Überlegung, was mit „sicher" gemeint ist. Der Schüler kommt zu dem Ergebnis, dass „sicher" gleich „der Ball kommt an" bedeutet. Also probiert er aus und führt nicht eine vorgegebene Lösung aus.

Dieser Prozess „Ausprobieren-Festlegen" führt nicht nur zur Erweiterung des kognitiven Speichers hinsichtlich Lösungsmöglichkeiten, sondern hilft dem Schüler, schon die Bewertung der eigenen Lösung miteinzubeziehen. Die Menge an Lösungen von Stufe 1 „Vorgabe" zu Stufe 3 „offene" Frage erweitert das Spektrum exponentiell.

Zugegebenermaßen wird auch für den Lehrenden der Prozess anspruchsvoller, da er bereit sein muss, die Lösung des Kindes zu akzeptieren bzw. bei grober Falscheinschätzung aufzeigen zu können, wie man auf den Weg zurückfinden kann, ohne dass es in einer „Anweisung" mündet.

Der letzte Schritt ist der Impuls. Das hört sich schlimmer an, als es ist und meint vielmehr eine auf das Nötigste reduzierte Kommunikation, die aber ausreicht, um den kognitiven Prozess des Schülers in Gang zu setzen. Hierbei ist zu beachten, dass Bewegungserfahrungen des Kindes auf der einen, auf der anderen Seite aber auch die persönliche Beziehung und das „Kennen" des Lehrers durchaus ein Faktor hinsichtlich des Lernens sein können.

Je besser Lehrer und Schüler sich kennen, beispielsweise seit zwei Jahren schon im Sportunterricht zusammenarbeiten, desto besser lässt sich ein Impuls anbringen, als in einer völlig neuen Beziehung.

Ein Impuls könnte in unserem Beispiel folgender sein: „Rechter Fuß!" Damit könnte gemeint sein, den Ball auf den rechten Fuß des Partners zu spielen. Ist der Spielende ebenfalls Rechtsfuß, wird die beste Lösung diagonal mit der Innenseite sein. Hierbei spielen natürlich auch anatomische Einschränkungen eine Rolle.

Entscheidet sich der Schüler für den Pass mit dem Außenrist von rechts diagonal nach links, muss er viel mehr an seiner Körperposition arbeiten als mit der Innenseite. Das sollte ein Lehrer beachten, da ein „Anfänger" eher Probleme damit haben wird, somit weniger Erfolgserlebnisse.

Wichtig ist, in diesem Coachingprozess zu wissen, dass der Weg in alle Richtungen offen ist. Zeigt sich, dass Stufe 3 noch zu früh ist, geht man einen Schritt zurück. Zeigt sich, dass ein Schüler schon sehr weit ist, versucht man es mit Impulsen. Der Weg ist individuell, sowohl für Lehrer als auch für Schüler.

Merke

Das kommunikative Niveau ist immer abhängig von der Reife der Schülergruppe. Je reifer sie ist, desto mehr Eigenverantwortung ist möglich und sie kann auch zielführender eingesetzt werden. Eine eher geschlossene Kommunikation wird in einem weniger reifen Umfeld wahrscheinlich zunächst erfolgreicher sein. Grundsätzlich aber benötigt jede neue Form der Kommunikation (meist bei Lehrerwechsel) erst etwas Zeit zum Anlaufen.

KAPITEL 3

DAS SPIEL ANPASSEN – DIE WICHTIGSTEN TOOLS, UM EIN SPIEL ZU VERÄNDERN

3.1 Das Reglersystem

Im Allgemeinen bieten alle sportlichen Spiel- und Übungsformen Möglichkeiten zur Veränderung. Sei es die Anpassung des Schwierigkeitsgrades, der Dauer oder in vielen anderen Bereichen. Jede Form ist abhängig von bestimmten Reglern, die die Ausführungsbedingungen bestimmen.

Je nachdem, wie man diese Regler bedient, wird das Gesamtniveau anspruchsvoller oder eben weniger anspruchsvoll. Bestimmt wird das Niveau durch unterschiedliche Drucksituationen. Diese können mithilfe der Regler justiert werden.

Im Wesentlichen sprechen wir immer von Zeit-, Raum- und Gegnerdruck, die das Entscheidungsverhalten im Spiel maßgeblich beeinflussen. Pauschal lässt sich sagen: Je höher die Druckregler eingestellt sind, desto schwieriger wird die Aufgabe. Daher sind das die ersten Instrumente, um das Spiel oder die Übung in eine bestimmte Richtung zu lenken. Ingesamt gibt es drei Bereiche, in denen Veränderungen unter diesen Drucksituationen möglich sind:

1. im Bereich der technikorientierten Übungsformen;
2. im Bereich der Rahmenbedingungen im Spiel;
3. im Bereich der Spielregeln.

Technische Übungen haben den Vorteil, dass sie recht vorhersehbare Verhaltensweisen erzeugen können. Bezüglich der Entscheidung des Spielers kann das zu Einschränkungen führen. Aber auch das kann man sich zunutze machen.

Jede Übungsform bietet im Normalfall eine überschaubare Menge an Tools, um diese zu verändern, anzupassen, zu erschweren oder zu erleichtern. Spielformen hingegen bilden das gesamte Spektrum an Situationen ab, die das Spiel bereithält. Das Spiel hält meist mehr Überraschungen bereit als die Übungsform!

Um Übungsformen und Spielformen vorhersehbarer zu machen bzw. einen bestimmten Schwerpunkt präziser anzusteuern, gibt es verschiedene Regler, die man bedienen kann. Diese Regler helfen nicht nur, um Schwerpunkte oder eine bestimmte Spielweise zu fördern oder zu fordern, sondern sind natürlich auch elementar für die Festlegung des Spielniveaus.

3.2 Veränderungen innerhalb technikorientierter Übungsformen

Bei technikorientierten Übungsformen lassen sich im Wesentlichen folgende Regler einstellen:

- Distanzen → Schärfe, Härte,
- Tempo,
- Winkel/Richtung und
- Zielräume.

Werden die Distanzen beim Passen oder Schießen geändert, kann man damit auch ein verändertes, an die Situation angepasstes Verhalten, hier die technische Ausführung des Schülers, herbeiführen. Einfach gesagt, muss der Pass bei größerer Distanz schärfer gespielt werden, was mehr Kraft erfordert, und somit eventuell eine größere Ausholbewegung.

Arbeitet man gerne mit einer Zeitvorgabe, beispielsweise bei einem Dribblingparcours, erhöht das die Anforderungen an den Spieler hinsichtlich Ausführungsqualität. Ändert man beim Schuss die Zielräume, somit den Winkel und die Richtung vom Ausführungspunkt, dann ergibt sich daraus eine veränderte Ausführung hinsichtlich der Technik.

Die Regler helfen also bei der Individualisierung des Lernprozesses und bei der Progression von Lerninhalten.

Jede Übungsform sollte durch diese Regler verändert werden können. Ist das nicht möglich, überdenken Sie bitte noch einmal die Grundidee.

3.3 Veränderungen der Rahmenbedingungen bei Spielformen

- Spielfeldgröße und Begrenzungen (Formen, Banden),
- Spieleranzahl,
- Überzahl/Unterzahl, Überzahlspieler und
- die Anzahl der Tore.

Bevor man eine Spielform in die Praxis umsetzt, sollte ein Abgleich der Rahmenbedingungen mit den Voraussetzungen der Lerngruppe erfolgen. Die Spielfeldgröße ist beispielsweise ein guter Regler, um den Zeitdruck in einer Spielform zu erhöhen bzw. zu verringern. Je mehr Raum zur Verfügung steht, desto mehr Zeit hat der Spieler, um den Ball zu stoppen und weiterzuspielen, bevor ein Gegenspieler in die Nähe kommt.

Interessant wird es, wenn das Spielfeld hinsichtlich seiner Form verändert wird. Ein Kreis oder eine Raute lässt ein völlig anderes Spiel entstehen als ein Quadrat oder Rechteck. Bei der Wahl der Feldgröße oder Form ist ebenfalls zu bedenken, wie viele Spieler dort im Feld aktiv sein sollen. Je mehr Spieler in einem Feld sind, desto weniger Raum ist vorhanden.

Hierbei gibt es keine Musterlösung, lediglich Empfehlungen. Mehrmaliges Ausprobieren (Ja, das ist erlaubt!) und Anpassen der Maße ist ein normaler und notwendiger Prozess, um dann, entsprechend den Voraussetzungen der Kinder, die bestmögliche Lernsituation herstellen zu können. Merkt man nach Beginn der Spielform, dass es nicht passt, passt man an!

Gleiches gilt für die Spieleranzahl. Sind zu viele Spieler involviert, ist ein flüssiges Spiel nicht möglich, da nicht nur der Zeitdruck, sondern auch der Gegnerdruck übermäßig groß sein wird. Die Folge ist, niemand hat Spaß am Spiel, es folgt ein wildes Gestochere um den Ball und niemand lernt etwas.

Da eine Klasse selten eine Einteilung in gleich große Gruppen zulässt, kann eine Überzahl- oder Unterzahlsituation entstehen. Für diese Situation gibt es verschiedene Lösungen:

1. Man behält die Spielfeldgröße bei und lässt z. B. 3 gegen 4 spielen und wechselt dann die Teamzusammensetzung, sodass das andere Team in Unterzahl bzw. Überzahl ist.
2. Man verändert die Spielfeldgröße und spielt beispielsweise in einem kleineren Feld ein 3 gegen 3, in zwei größeren Feldern ein 5 gegen 5.

3. Die dritte Option ist ein Überzahlspieler. Ein zusätzlicher Spieler (oft als „freier Mann" bezeichnet) kann eine tolle Möglichkeit bieten, das Geschehen zu verändern. Es entsteht eine Überzahl-Unterzahl-Situation, die wiederum Verhaltensweisen verändert. Grundsätzlich spielt ein solcher „Plusspieler" immer mit dem Team, das in Ballbesitz ist.

Diese Lösung ist natürlich auch vom kognitiven Niveau des „Plusspielers" abhängig, da dieser immer auf wechselnde Situationen reagieren muss, und zwar von beiden Seiten! Das wäre beispielsweise eine Aufgabe für einen der vermeintlich besseren Spieler. Ein Anfänger wäre überfordert.

Bei dieser Lösung spielt der Faktor Komplexität eine bedeutsame Rolle. Je mehr zu berücksichtigende Faktoren, desto komplexer die Spielaufgabe, desto höher ist das Anspruchsniveau. Die Komplexität lässt sich auch über die Anzahl der Tore steuern. Gibt es beispielsweise zwei Tore oder vielleicht vier Tore, ändern sich ebenfalls die Anforderungen an die Spielleistung.

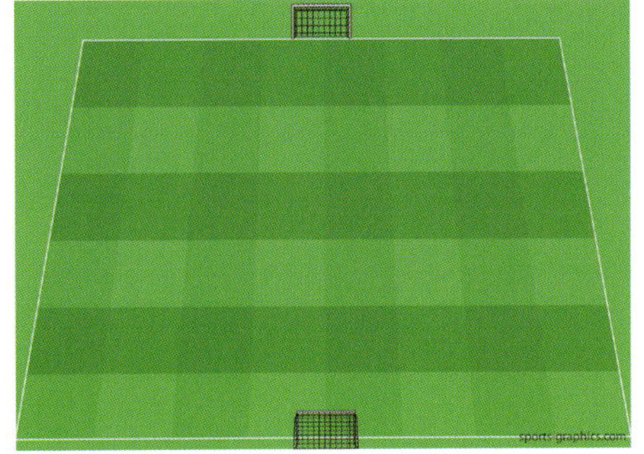

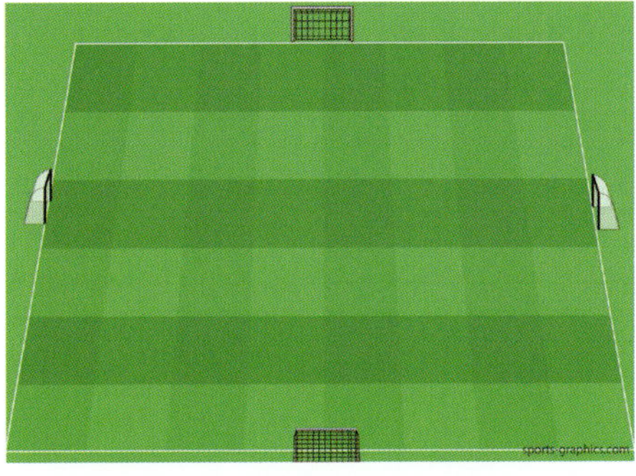

Abb. 4, 5 und 6: Verschiedene Optionen bei der Anzahl und Anordnung von Toren

3.4 Veränderungen durch Regeln bei Spielformen

Die Menge an zu beachtenden Reglern und Steuerungsmöglichkeiten wirkt zu Beginn für den Lehrer ohne Affinität zum Sportspiel sicher erschlagend. Dieses Empfinden kann man nutzen, um sich gut in die Schüler hineinversetzen zu können.

Ein „Experte" in der Sportart neigt dazu, zu viel zu verlangen und die Schüler damit zu überfordern. Um das Anspruchsniveau, die Komplexität und die Zielsetzung noch weiter zu präzisieren, kann man nach Festlegung der Rahmenbedingungen mithilfe von Spielregeln bestimmte Verhaltensweisen forcieren. Folgende Möglichkeiten gibt es hier, um steuernd einzugreifen:

- Art der Torerzielung,
- Spielrichtung,
- Punkte erzielen (Pässen, Dribblings, . . .),
- Spielzeit sowie
- Bälle.

An folgendem Beispiel lässt sich gut erklären, wie diese Steuerungsmöglichkeiten eingesetzt werden können. Die gewählte Situation ist allerdings weniger für die absoluten Anfänger geeignet, sondern wäre eine interessante Option, um den Vereinsspielern einen Mehrwert zu bieten.

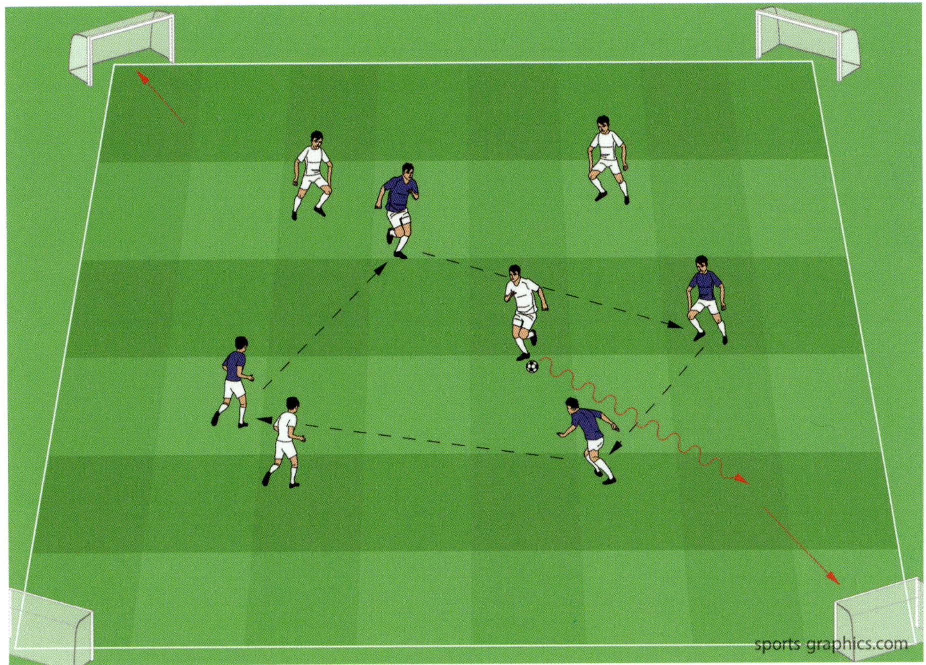

Abb. 7: Spielform 4 gegen 4 auf Ballbesitz und vier Tore

Zwei zahlenmäßig gleich starke Teams, z. B. im 4 gegen 4, spielen in einem abgesteckten Feld gegeneinander. Team A spielt auf je zwei festgelegte Tore (insgesamt vier), Team B versucht, das zu verhindern und kann bei eigenem Ballbesitz durch drei erfolgreiche Pässe innerhalb der Mannschaft einen Punkt erzielen. Somit entsteht eine enorme Komplexität.

Diese lässt sich durch eine weitere Regel steigern: Erzielt Team B durch den dritten erfolgreichen Pass einen Punkt, darf es im Anschluss auf eines der vier Tore angreifen und ein Tor erzielen. Somit würden die Aufgaben innerhalb eines Spiels wechseln.

Zugegebenermaßen ist das eine sehr anspruchsvolle Ausgestaltung einer Spielform und sehr wahrscheinlich im Schulfußball gar nicht umsetzbar, allerdings verdeutlicht sie, was möglich ist, wenn alle Regler hochgefahren werden.

Zusammenfassend lässt sich sagen, dass eine Spiel- oder Übungsform immer daran gemessen werden muss, ob sie „läuft". Läuft das Ganze schleppend oder gar nicht, besteht Handlungsbedarf.

Hierbei kann dieser im Bereich der Rahmenbedingungen oder in einer Regeländerung bestehen. Auch in dieser Situation ist Ausprobieren erwünscht. Im Optimalfall bespricht man nach der Spiel- oder Übungsform mit der Gruppe die Aufgabenstellung und fragt nach, was gut lief, was schlecht lief und warum.

Im Normalfall ergeben sich Verbesserungsvorschläge der Kinder, die danach zu einem besseren Spiel führen. Als Lehrer lernt man außerdem, auch aus einer möglicherweise suboptimalen Planung ein gutes Stundenergebnis zu erzielen.

Grundsätzlich gilt bei allen Steuerungsmöglichkeiten: Weniger ist mehr, vor allem zu Beginn des Lernprozesses. Bevor beispielsweise Gegner- und Zeitdruck miteinander kombiniert werden, spielt man besser zwei aufeinanderfolgende Spiele mit den entsprechenden Vorgaben. Sollte erkennbar sein, dass die Idee nicht passt, passt man die Bedingungen an!

3.5 Überblick über mögliche Regler und Beispiele

Tab. 2: Regler bei technikorientierten Übungsformen

Regler	Maßnahme
Distanz	Die Entfernungen mit Markierungen oder Zonen festlegen.
Schärfe	Ausführung mit dem Schwungbein, die Ausholbewegung vormachen, die Distanz ändern.
Winkel/Richtung	Der Laufweg bzw. der Ballweg ist schräg, die Startpunkte festlegen.
Zielräume	Die Torbereiche festlegen, Passziel, Partner, als Markierung Hütchen, Kästen, Matten nutzen.

Tab. 3: Rahmenbedingungen bei Spielformen

Regler	Maßnahme
Spielfeldgröße, Begrenzung	Die Wand nutzen, Bänke oder Kastenteile einsetzen, Hütchen.
Spielerzahl insgesamt	Die Gesamtklasse nach der Felderanzahl bzw. nach den benötigten Teams einteilen. Maximal Fünferteams
Überzahl/Unterzahl/freier Mann	Ungerade Gruppen
Anzahl der Tore	Mehrere kleine Tore oder ein Großtor, Ziele als Tore

Tab. 4: Regeln in Spielformen

Regler	Maßnahme
Torerzielung	Dribbeltore, Passtore, normale Tore, Partner als „Tor"
Spielrichtung	Nach jedem erzielten Tor wechselt die Spielrichtung.
Spielzeit	Mehrere kurze Abschnitte (4 x 2 Minuten, 3 x 3 Minuten . . .)
Bälle	Die Bälle kommen nach einem Torerfolg an anderer Stelle ins Spiel.

KAPITEL 4

UNTERRICHTSREIHE „FUSSBALL ENTDECKEN – TEIL I: TECHNIK“

Die vorliegende Unterrichtsreihe „Fußball entdecken“ ist für diejenigen Klassenstufen konzipiert, die kaum Erfahrung mit dem Spiel haben. In den meisten Lehrplänen wird das Thema „Fußball“ unter der Rubrik „Spiele mit dem Fuß“ normalerweise in der Unterstufe durchgenommen. Daher richten sich die folgenden Stundenbilder an die Klassenstufen 5-7.

Ziel ist es, dass die Schüler die grundlegenden Elemente des großen Fußballspiels entdecken und erste Versuche zur Umsetzung unternehmen. Die vorliegenden Stunden sind als Einzelstunden konzipiert, können aber auch auf zwei ausgedehnt werden, da der Zeitfaktor oft ein Problem darstellt.

Sollte ein Doppelstundensystem vorliegen, kann in der ersten Stunde die geplante Einheit absolviert werden. Die zweite Stunde kann dann zum Spielen genutzt werden. Hierbei hat es sich bewährt, einfache Spielformen zu wählen, die dem großen Spiel am ähnlichsten sind (3 gegen 3, 4 gegen 4, 5 gegen 5, . . .). Die Unterrichtssequenz „Fußball entdecken – Teil 1: Technik“ hat einen klaren technischen Schwerpunkt. Dieser soll, unterstützt durch weitestgehend induktive Lernwege, die Basis für die Spielfähigkeit legen.

Grundsätzlich beruht die Stundenplanung auf der Annahme, dass eine Lerngruppe zwischen 25 und 30 Schülerinnen und Schüler umfasst. Sollten es weniger sein, umso besser. Verschiedene Einteilungsvorschläge ermöglichen eine optimale Anpassung der Inhalte an die eigene Lerngruppe.

Ein Hinweis zu den Abbildungen

Teilweise stellen die Abbildungen nur einen Ausschnitt, also eine Gruppe, dar. Dies ist exemplarisch zu sehen. In anderen Stunden macht die Darstellung der gesamten Situation mehr Sinn. In einem Aufbautipp gibt es weitere Hinweise dazu.

Im Bereich Coachinghinweise und Feedback sind entweder Möglichkeiten für die vier Kommunikationsstufen formuliert oder aber allgemeine Hinweise.

Konkrete Formulierungsvorschläge sind mit Abkürzungen verfasst: Vorgabe (Vo), geschlossene Frage (GF), offene Frage (OF), Impuls (Im).

Nicht immer ist für alle Stufen eine Formulierung sinnvoll, daher sind auch nicht immer alle ausformuliert.

Stunde 1: Den Platz entdecken!

Aufwärmen: Orientierungsdribbling im Raum

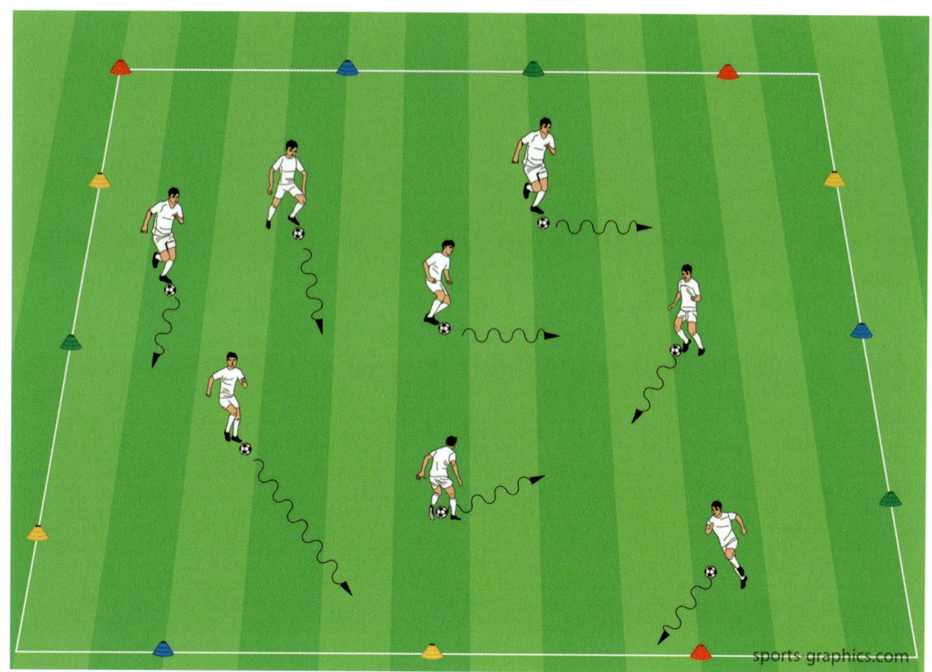

Organisation:
Bilden Sie aus verschiedenfarbigen Hütchen drei gleich große Felder. Besetzen Sie die Felder mit jeweils 8-10 Spielern je nach Gruppengröße. Alle haben einen Ball am Fuß. Sollten nicht genügend Bälle vorhanden sein, wechselt der Ballbesitz nach jedem Durchgang.

Aufbautipp:
Alternativ ohne Felder die ganze Halle als ein Feld nutzen, um so „Aufbauzeit" einzusparen.

Ablauf und Variationen:
Die Spieler dribbeln durcheinander in ihrem Feld. Folgende Aufgabenstellungen werden nacheinander realisiert:

1. Freies Dribbling ohne „Zusammenstöße": Ziel ist es, den eigenen Ball nicht zu verlieren bzw. nicht mit anderen zusammenzustoßen. Stichwort: Ballkontrolle!
2. Auf ein akustisches Signal („Hopp" oder Pfiff) müssen die Spieler schnellstmöglich an ein Hütchen ihrer Wahl dribbeln. Eine Mehrfachbesetzung ist erlaubt.

3. Auf ein visuelles Signal (z. B. den Arm heben) müssen die Spieler schnellstmöglich an ein Hütchen ihrer Wahl dribbeln. Eine Mehrfachbesetzung ist erlaubt.
4. Auf ein akustisches Signal (Farbe: z. B. „Rot") müssen die Spieler schnellstmöglich an ein Hütchen der entsprechenden Farbe dribbeln. Eine Mehrfachbesetzung ist erlaubt.
5. Auf ein visuelles Signal (farbige Karte/Leibchen hochheben) müssen die Spieler schnellstmöglich an ein Hütchen der entsprechenden Farbe dribbeln. Eine Mehrfachbesetzung ist erlaubt.
6. Kombinationen aus visuellen und akustischen Signalen bilden. Z. B. den rechten Arm heben und „Rot" rufen.

Coachinghinweise und Feedback:

1. Motivieren Sie die Spieler den Blick, vom Ball zu lösen!
   Vo: „Löse den Blick vom Ball!"
   GF: „Wo steht dein Tor?" „Wo ist dein Zielhütchen?"
   OF: „Wie kannst du am besten dein Ziel im Blick halten?"
   Im: „Mitspieler und Ziel im Blick haben."
2. Enge Ballführung
   Vo: „Führe den Ball abwechselnd mit der Innen- und Außenseite!"
   GF: „Mit welchem Teil des Fußes kannst du den Ball enger führen?"
   OF: „Welche Möglichkeiten hast du, um den Ball zu kontrollieren?"
   Im: „Dribble nur so schnell, wie du den Ball kontrollieren kannst!"; „Nutze alle Teile deines Fußes!"

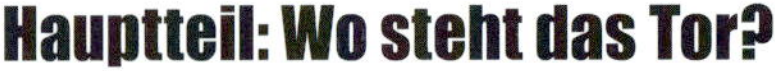

Hauptteil: Wo steht das Tor?

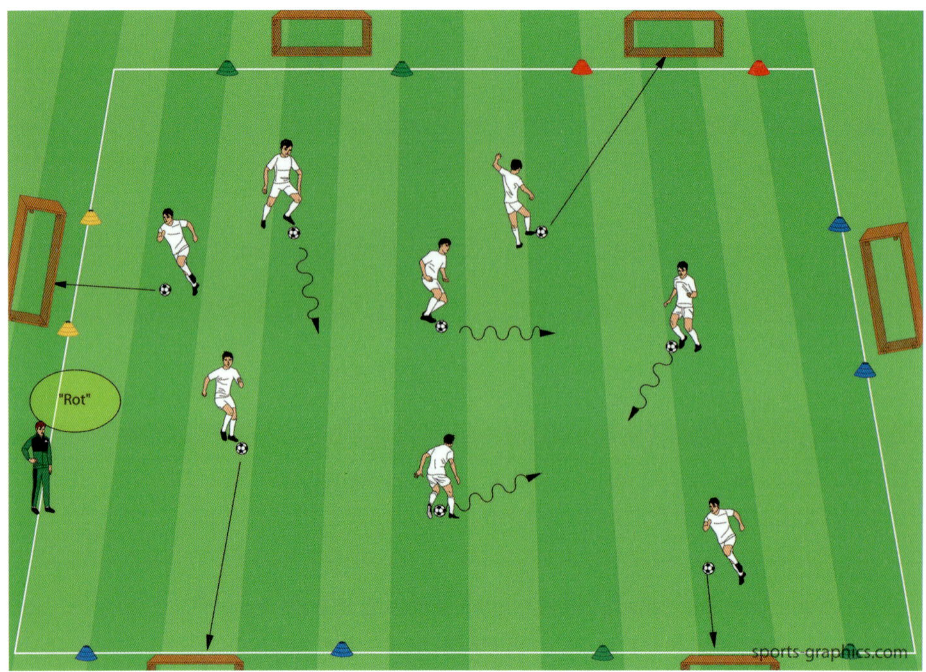

Organisation:
Bilden Sie aus verschiedenfarbigen Hütchen drei gleich große Felder. Besetzen Sie die Felder mit jeweils 8-10 Spielern je nach Gruppengröße. Alle haben einen Ball am Fuß. Sollten nicht genügend Bälle vorhanden sein, wechselt der Ballbesitz nach jedem Durchgang.

Stellen Sie sechs Kastenteile als Tore auf. Ordnen Sie jedem Tor eine Farbe zu, welche durch Hütchen markiert wird. Alternativ kann ein Leibchen über das Tor gehängt werden, um die Farbe zu signalisieren. Sollten keine Kästen vorhanden sein, können auch nur die farbigen Hütchen als Tore eingesetzt werden.

Aufbautipp:
Stellen Sie direkt zu Stundenbeginn die Kästen etwas weg vom Feld auf, um unnötig lange Umbauphasen zu vermeiden. Erfolgt der Wechsel zum Hauptteil, helfen alle mit, um die Kästen heranzuziehen. Alternativ ohne Felder die ganze Halle als ein Feld nutzen, um so „Aufbauzeit" einzusparen.

Ablauf und Variationen:
Die Spieler dribbeln durcheinander in ihrem Feld. Wie im Aufwärmabschnitt werden auf ein akustisches oder ein visuelles Signal hin verschiedene Aufgaben, die vorher klar definiert werden, ausgeführt.

Hierbei kommen zwei Techniken zum Einsatz: Dribbling und Passen.

1. Auf ein akustisches Signal („Hopp" oder Pfiff) müssen die Spieler schnellstmöglich an ein Tor ihrer Wahl dribbeln und den Ball aus kurzer Distanz darin „unterbringen".
2. Auf ein visuelles Signal (z. B. den Arm heben) müssen die Spieler schnellstmöglich in ein Tor ihrer Wahl passen. Die Distanz ist hier größer als bei Aufgabe 1. Eine Mehrfachnutzung der Tore ist natürlich bei beiden Aufgaben möglich.
3. Akustisches und visuelles Signal, damit Passen und Dribbeln kombinieren.
4. Mehrere Farben hintereinander rufen (z. B.: „Rot – Gelb – Grün"). Die Spieler dribbeln zuerst an ein rotes, dann an ein gelbes Hütchen und passen abschließend auf das grüne Tor.
5. Bilden Sie Paare: Die Paare führen die Farbkombinationen zusammen aus, indem Spieler 1 zu Rot dribbelt, Spieler 2 zu Gelb und Spieler 1 dann den Pass auf das grüne Tor spielt. Punkte zählen! Wer hat zuerst fünf Tore erzielt?
6. Weitere Differenzierung von Aufgabe 4: Die Anzahl der Farben verringern/erhöhen. 3-4 Durchgänge pro Variante.

Coachinghinweise und Feedback:

1. Beim Passen auf das Tor die Ruhe bewahren und einen festen Stand haben!
   Vo: „Schaue auf das Tor, bevor du passt/schießt!"
   GF: „Was musst du tun, bevor du auf das Tor passt/schießt?"
   OF: „Welches Verhalten vor dem Schuss hilft dir, um das Tor zu treffen?"
   Im: „Nimmst du die optimale Position ein, um das Tor zu treffen?"
2. Den Ball möglichst eng am Fuß führen (s. Aufwärmen)!

Schluss: Freies Spiel in drei Feldern

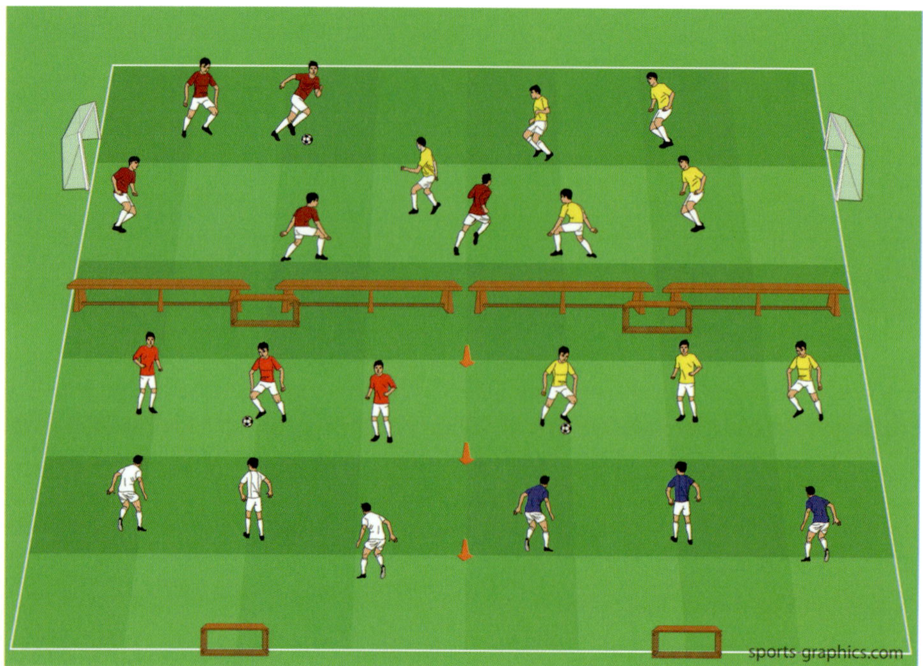

Organisation:

Je nach Hallengröße organisieren Sie drei Spielfelder. Spielfeld 1 umfasst eine Hallenhälfte und ist mit Handballtoren oder Minitoren besetzt. Dort wird 5 gegen 5 gespielt. Die Spielfelder 2 und 3 sind mit Kastenteilen als Tore besetzt. Dort wird jeweils 3 gegen 3 (oder 4 gegen 4) gespielt. Die Felder werden durch Hütchen voneinander abgetrennt. Teilen Sie die Zeit so ein, dass jede Gruppe in jedem Feld spielen kann.

Aufbautipp:

Wenn genügend Bänke oder weitere kleine Kästen zur Verfügung stehen, können die Felder auch mit diesen abgegrenzt werden. Die dadurch entstandene Bande erhöht die Spielzeit, da der Ball nicht ins Aus rollen kann und erhöht den Reiz des Spiels, da die Bande ein zusätzlicher Mitspieler ist.

Ablauf und Variationen:

Die drei Spielfelder bieten (fast) allen die Möglichkeit, gleichzeitig zu spielen. Sie können nicht aktive Schüler als Schiedsrichter, Zeitnehmer oder Turnierleitung einsetzen oder die Gruppe selbst entscheiden lassen.

Durch die drei Felder kann differenziert werden. Im großen Feld spielen die vermeintlich Besseren. In den beiden anderen spielen diejenigen, die noch etwas schwächer sind.

Somit bildet das Großfeld auch einen Anreiz, um besser zu werden, um dort spielen zu können. Die Besseren könnten z. B. die Vereinsspieler sein.

Coachinghinweise und Feedback:

1. Möglichst wenig eingreifen!
2. Bei Bedarf Hilfe anbieten!
3. Lehrreiche Situationen einfrieren und dazu Erläuterungen geben.
4. Zum Abschluss abfragen, welche Spielform am meisten Spaß gemacht hat und warum.

Verlaufsplan

Zeit	Unterrichtsphasen	Inhaltliche Schwerpunkte/ Maßnahmen	Sozial-/ Aktionsformen	Medien	Anmerkungen zum Lernprozess
0-10´	Begrüßung, Aufwärmen	Die SuS dribbeln im Feld und führen unterschiedliche Aufgaben aus. Jeder hat einen Ball.	Plenum Lehrervortrag	Bälle, Hütchen	
10-13´	Problemorientierung	„Welche Probleme hattet ihr beim Dribbeln?" „Worauf muss ich achten, wenn ich mich im Feld bewege?" (Kopf hoch, Sicherheit vor Schnelligkeit, enge Ballführung)	Plenum	Bälle, Hütchen	Die Fragen zu Beginn offen formulieren und dann enger fragen, um schneller zum Thema zu kommen.
13-33´	Erarbeitungsphase	Es werden mehrere Felder aufgebaut.	Plenum	Bälle, Hütchen	
33-35´	Reflexion	„Haben euch die Tipps vom Beginn der Stunde geholfen, den Ball sicher über das Feld zu führen? Konntet ihr euch besser orientieren?"	Plenum		
35-45´	Motivierender Abschluss	Spielform auf Kleinspielfeldern	Gruppen	Bälle, Hütchen	Eventuell nach Leistungsstärke die Gruppen zusammenstellen.

Stunde 2: Schnell, sicher oder kreativ? – Einsatz unterschiedlicher Dribblingtechniken in verschiedenen Situationen

Aufwärmen: Dribblingaufgaben im abgesteckten Feld

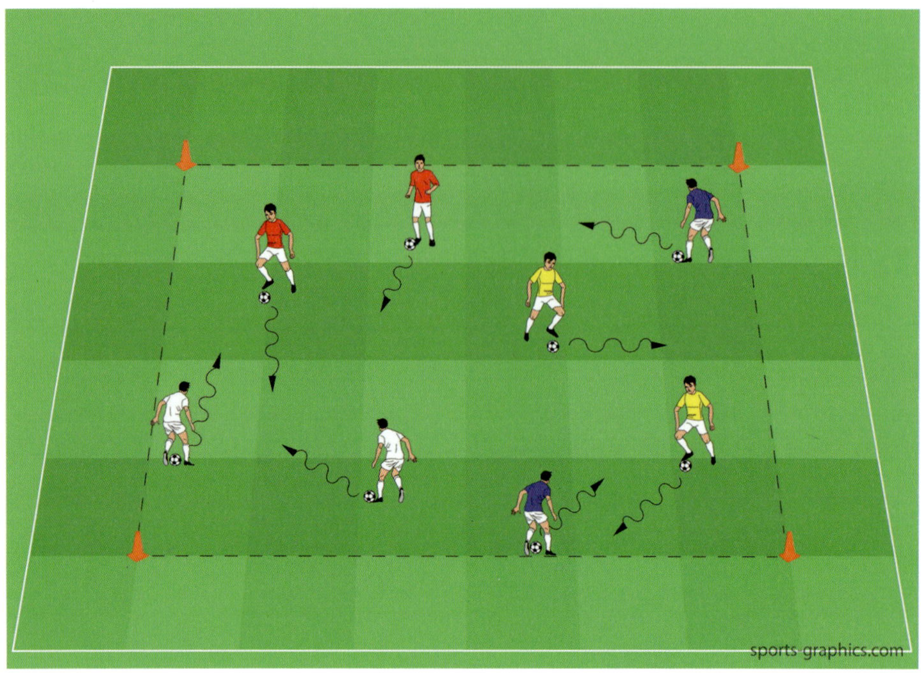

Organisation:
Bilden Sie aus Hütchen ein 15 x 15 Meter großes Feld für acht Spieler. Alle haben einen Ball am Fuß. Je nach Gruppengröße mehrere Felder aufbauen. Wichtig ist, dass alle genügend Platz haben, um die Aufgaben auszuführen, allerdings eine feste Begrenzung vorfinden.

Ablauf und Variationen:
Die Spieler dribbeln durcheinander in ihrem Feld. Folgende Aufgabenstellungen werden nacheinander realisiert:

1. Freies Dribbling im ganzen Feld („Sucht euch euren eigenen Weg durch das Feld und die Mitspieler!").
2. Dribbling mit Teamwechsel („Führt den Ball in unterschiedlichen Geschwindigkeitsstufen (z. B. wie ein Auto)!" (Stufe1: langsam, Stufe 2: schneller, Stufe 3: schnell)).
3. Seitliches Dribbling („Nehmt den Ball im seitlichen Lauf mit!" (Sidestep)).
4. Zahlendribbling („Dribbelt eine Acht!").

Coachinghinweise und Feedback:
1. Motivieren Sie die Spieler, den Blick vom Ball zu lösen!
   Vo: „Keine Zusammenstöße!"
   Im: „Augen!" oder: „Kopf!"
2. Enge Ballführung
   Vo: „Dribble nur so schnell, wie du den Ball kontrollieren kannst!"
   Im: „Viele Kontakte."
   (weitere Formulierungen siehe Aufwärmen Stunde 1)

Hauptteil: Dribbling im Stationsbetrieb

Organisation:
Es werden fünf oder sechs Gruppen gebildet. Diese durchlaufen jeweils drei Stationen mit unterschiedlicher Aufgabenstellung. An jeder Station muss ein Vermerk auf einem Laufzettel gemacht werden. Die Stationen werden am besten doppelt aufgebaut, um möglichst viele Schüler aktiv einzubinden.

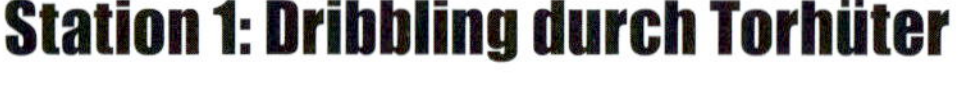

Station 1: Dribbling durch Torhüter

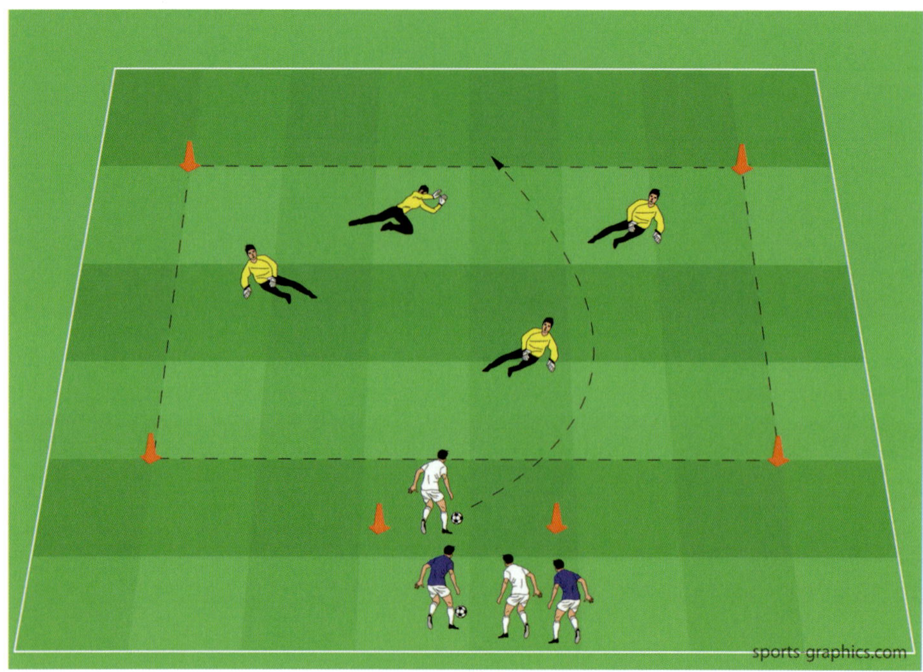

Aufbau:

Mindestens drei Gruppenmitglieder sitzen auf dem Boden in dem abgesteckten Feld. Die anderen führen die Dribblingaufgaben durch. Die Torhüter, die am Boden sitzen, müssen die Beine lang ausgestreckt auf dem Boden halten. Sie dürfen nur durch das seitliche Abkippen des Oberkörpers ihre Position ändern. Die Arme dürfen ausgestreckt werden. Sollten sie den Ball des Dribblers auf diese Weise erreichen können, ist es erlaubt, diesen festzuhalten. Nach 1-2 Durchgängen wechseln die Aufgaben untereinander.

Aufgabe:

Versuche, den Ball durch die Torhüter zum Ziel zu führen! Du musst hierbei viele Techniken nutzen, um erfolgreich zu sein! Sicherheit ist wichtiger als Geschwindigkeit! Welche Technik hilft dir hierbei am besten?

Notiert die Antwort auf eurem Laufzettel!

Station 2: Slalomdribbling

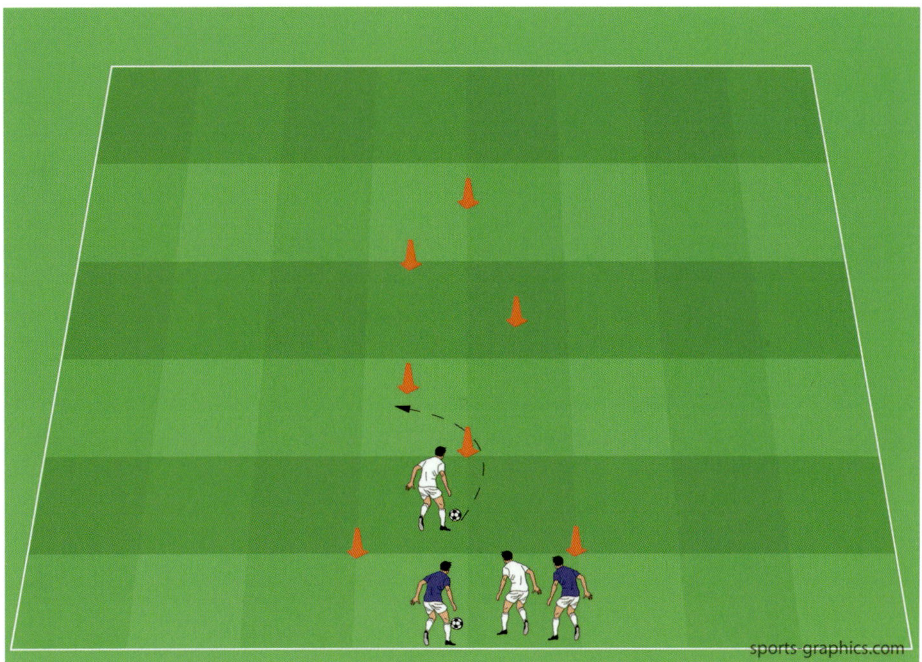

Aufgabe:

Bewältige den Slalomparcours so gut wie möglich! Achte darauf, dass du den Ball eng am Fuß führst! Geschwindigkeit ist nicht wichtig! Mit welcher Technik gelingt das am besten? Oder muss man Techniken kombinieren?

Überlegt euch eine Lösung und notiert diese auf eurem Laufzettel!

Station 3: Mit Tempo auf die andere Seite!

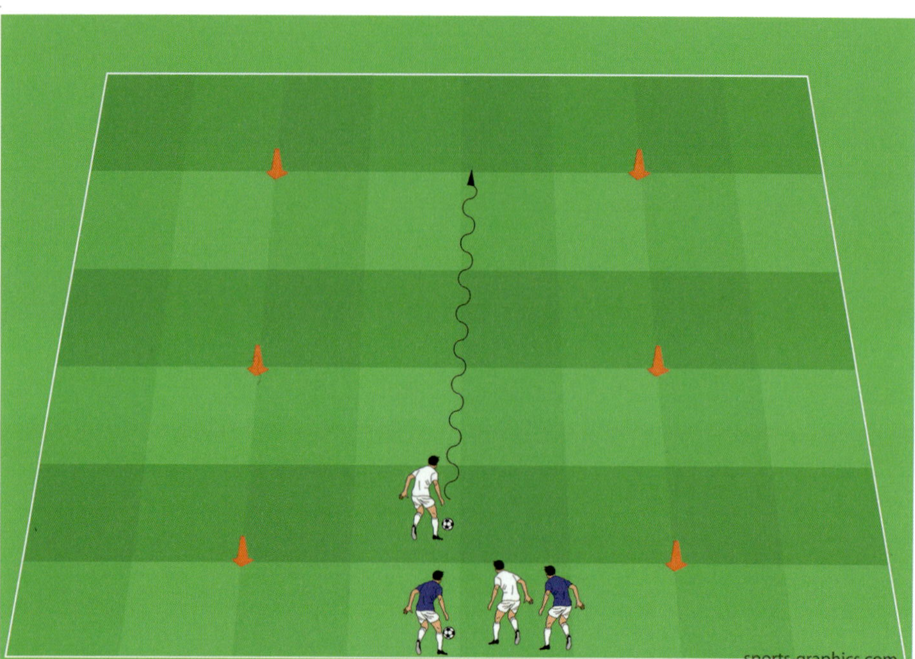

Aufgabe:
Dribble den Ball so schnell wie möglich auf die andere Seite, mit mindestens 3-5 Kontakten (je nachdem, wie lang die Strecke gewählt ist). Probiert alle verschiedenen Möglichkeiten des Dribblings aus!

Überlegt zusammen, welche Dribblingtechnik am besten für diese Aufgabe geeignet ist!

Notiert diese auf eurem Laufzettel!

Coachinghinweise und Feedback:
Vo: „Dribble nur so schnell, wie du den Ball kontrollieren kannst!"
GF: „Fühlst du dich mit einem oder zwei Beinen wohler?"
OF: „Welche Technik hilft dir in welcher Situation am besten?"
Im: „Viele Ballkontakte." (um den Ball besser zu kontrollieren)

Schluss: Dribblingstaffel

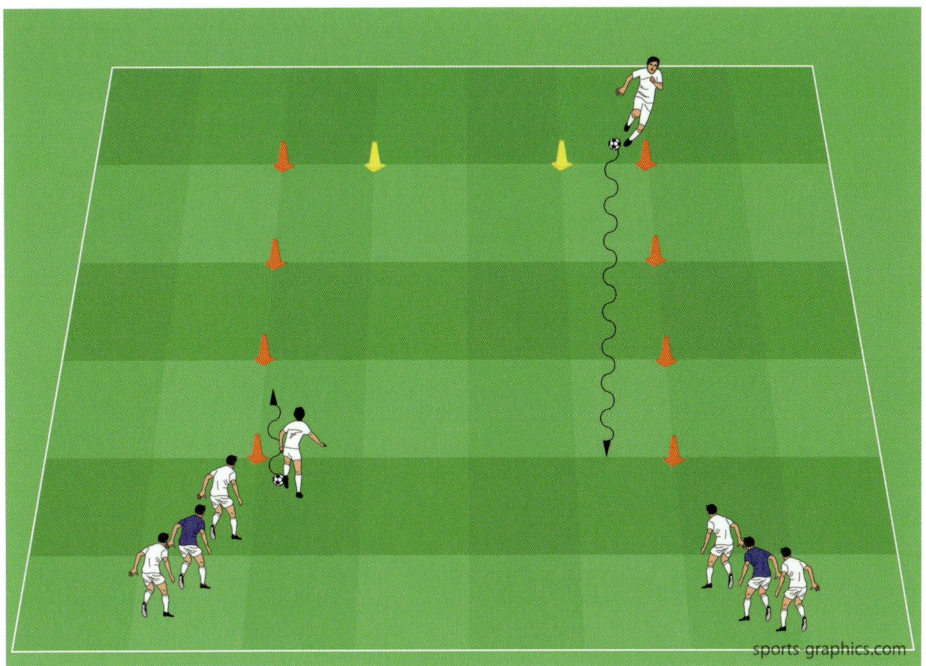

Organisation:
Die Gruppen bleiben bestehen. Sie führen eine Kombination aus den erarbeiteten Dribblingvarianten aus.

Hinweg: Slalomdribbling, Rückweg: Tempodribbling.

Ablauf und Variationen:
Die Gruppen führen je nach Zeit 2-3 Durchgänge aus. Sieger ist das Team, welches den Parcours am schnellsten und ohne Fehler (Hütchen vergessen) absolviert.

Coachinghinweise und Feedback:
Vo: „Versuche, eng um die Hütchen, insbesondere am letzten, zu dribbeln!"
GF: „Wie schaffst du es, möglichst eng um das letzte Hütchen rumzukommen?"
GF: „Welche beiden Techniken bieten sich an, um schnellstmöglich den Parcours zu durchlaufen?"
OF: „Ist deine Blickrichtung hilfreich? Warum?"
Im: „Blickrichtung", „Kopf hoch!"

Verlaufsplan

Zeit	Unterrichtsphasen	Inhaltliche Schwerpunkte/ Maßnahmen	Sozial-/ Aktionsformen	Medien	Anmerkungen zum Lernprozess
0-7´	Begrüßung, Aufwärmen	Die SuS dribbeln im Feld und führen unterschiedliche Aufgaben aus. Jeder hat einen Ball. Varianten: Tempowechsel: 1-2-3, Achterdribbling, Sidestepdribbling u. a.	Plenum Lehrervortrag	Bälle, Hütchen	Die drei Dribblingvarianten sollen schon den Denkprozess anregen, um später die verschiedenen Möglichkeiten schneller zu erkennen.
7-10´	Problemorientierung	„Welche Möglichkeiten gibt es, den Ball zu dribbeln? Habt ihr schon Ideen, in welchen Situationen diese eingesetzt werden können?"	Plenum	Plakat mit Dribbeltechniken	
10-35´	Erarbeitungsphase im Stationsbetrieb	Es werden fünf oder sechs Gruppen gebildet. Diese durchlaufen jeweils drei Stationen mit unterschiedlichen Aufgabenstellungen. An jeder Station muss ein Vermerk auf einem Laufzettel gemacht werden.	Gruppenarbeit	Bälle, Hütchen, Stationskarten, Laufzettel	Die Stationen werden doppelt aufgebaut! Optional: Aufgabenblätter drucken, um den induktiven Prozess zu verstärken.
35-40´	Reflexion	„In welchen Situationen habt ihr welche Technik als effektiv eingeschätzt? Hat sich eure Vermutung vom Beginn der Stunde als richtig oder falsch herausgestellt? Gibt es Situationen, in denen mehrere Lösungen richtig sein können oder müssen?"	Plenum	Plakat, Laufzettel	
40-45´	Motivierender Abschluss	Eine kombinierte Form der Aufgaben im Stationsbetrieb wird als Staffel durchgeführt.	Gruppen	Bälle, Hütchen	Wettkampf ohne Korrekturen, außer, sie helfen wirklich.

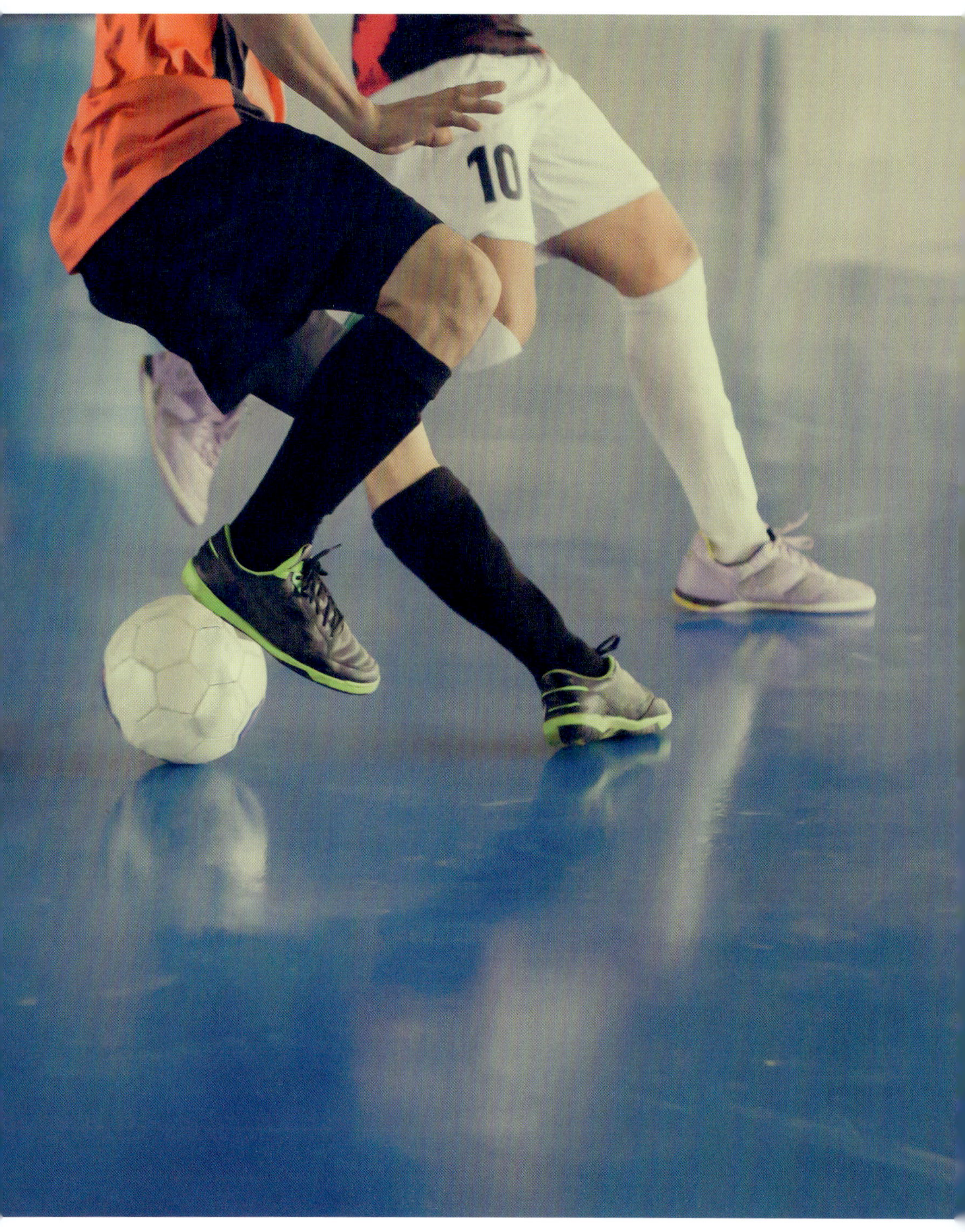
10

Stunde 3: Die Keimzelle des Spiels! – Einsatz von Finten im 1 gegen 1

Aufwärmen: Dribbelturnier

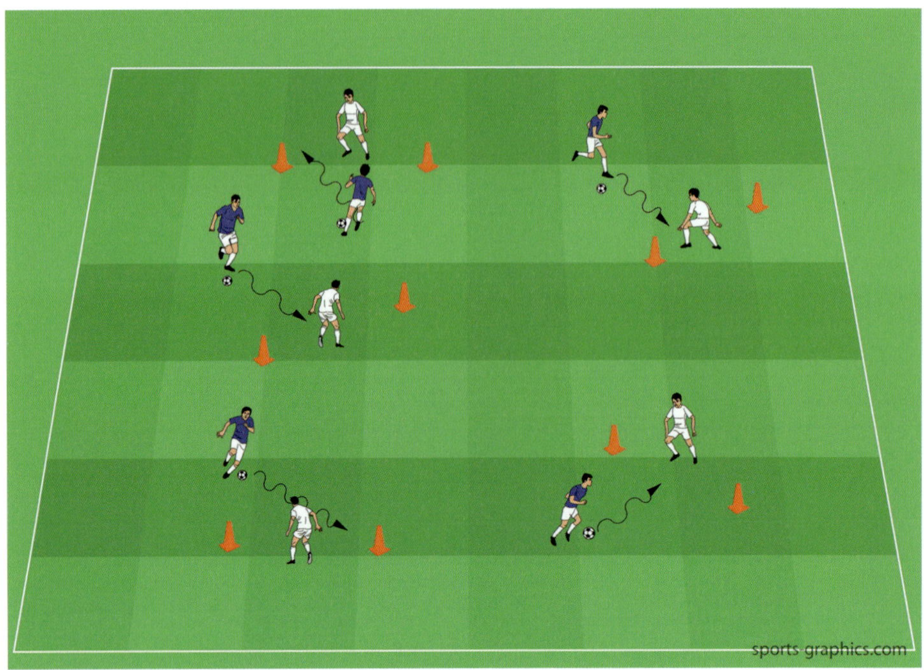

Organisation:

Verteilen Sie in der Halle oder in dem zur Verfügung stehenden Feld eine der Schülerzahl entsprechende Anzahl von Hütchentoren. Bei 30 Schülern mindestens 10-15 Hütchentore. Bei weniger mindestens ein Drittel, maximal die Hälfte der Schülerzahl. Jeder zweite Schüler hat einen Ball. Die Abbildung zeigt einen Ausschnitt.

Ablauf und Variationen:

Jeder Durchgang dauert 30 Sekunden. In dieser Zeit versuchen die Ballbesitzer, möglichst viele Hütchentore zu durchdribbeln. Diejenigen ohne Ball versuchen, den Weg zu verstellen. Sie sollen aber weitestgehend passiv bleiben. Nach jedem Durchgang werden die Aufgaben getauscht. Wer hat nach drei Durchgängen die meisten Tore?

Coachinghinweise und Feedback:

1. Motivieren Sie die Spieler, den Blick vom Ball zu lösen!
„Keine Zusammenstöße!"
2. Motivieren Sie die Spieler, trickreich zu agieren. Ausprobieren ist erwünscht!
3. Die von den Schülern vorgeschlagenen Finten sollen ebenfalls versucht werden.
4. Nach jedem Durchgang den „Torstand" erfragen bzw. am Ende den Gesamtsieger feststellen.

Hauptteil: Duelle in vier Feldern

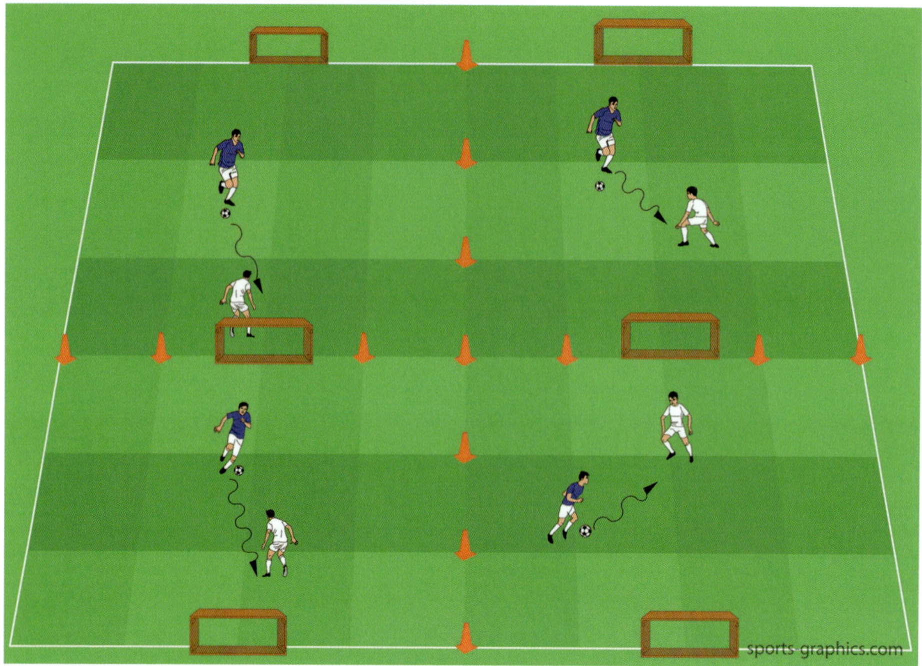

Organisation:

Es werden vier Gruppen gebildet. In vier gleich großen Feldern (die Halle in vier Quadrate teilen) wird 1 gegen 1 gespielt auf zwei Kleintore oder Hütchentore. Positionierung der restlichen Spieler wie in Abbildung Schlussteil.

Ablauf und Variationen:

1. Die Spieler sollen versuchen, im 1 gegen 1 ein Tor zu erzielen. Den Wechselmodus bestimmen sie selbst. Die Zählweise ebenfalls. Hierbei bietet sich ein Turniermodus an.
2. Dauer: Ein Zweikampf dauert maximal 15 Sekunden. Danach ist abzubrechen und der Zweikampf wird als unentschieden gewertet.

Coachinghinweise und Feedback:

1. „Traue dich, eine besondere Idee umzusetzen!"
2. „Überlegt euch einen besonderen Trick!"
   Vo: „Bleibe im Tempo!"
   GF: „Welche Finte oder welcher Trick funktioniert gut oder gar nicht?"
   OF: „Woran liegt es, dass die Finte nicht funktioniert?"
   Im: „Mutig!", „Special?"

Schluss

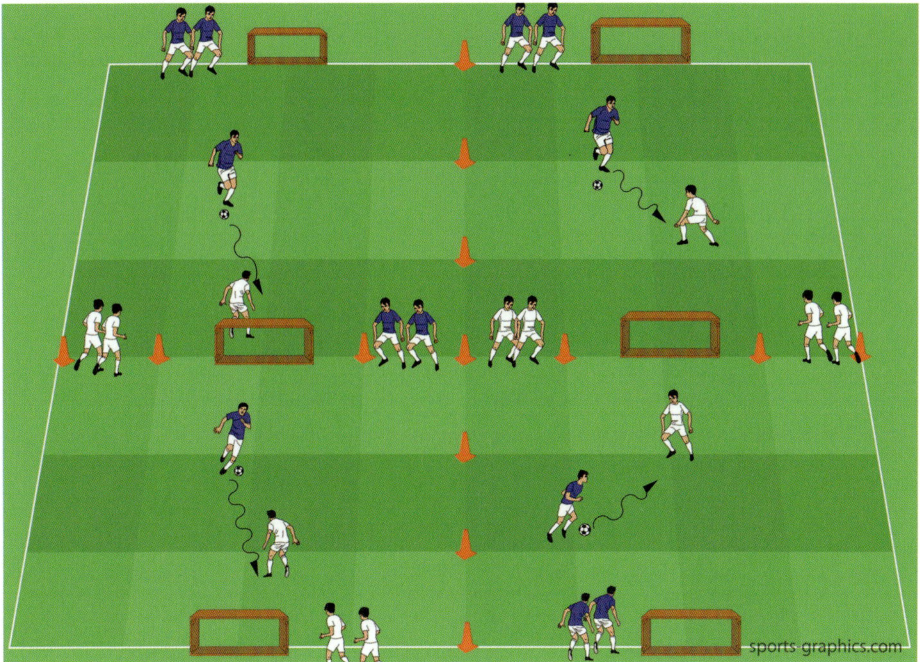

Organisation:
Die Gruppen bleiben bestehen. Es werden vier Felder mit jeweils einem Kleintor aufgebaut.

Ablauf und Variationen:

1. Die Spieler führen in ihren Gruppen einen Wettkampf im 1 gegen 1 durch.
2. Die Gruppe wird durchnummeriert: 1:2, 3:4, 5:6 usw., damit ergibt sich der Turnierplan.
3. Die Gewinner spielen das Halbfinale und Finale aus.
4. Die Gruppensieger spielen jeder gegen jeden den Gesamtsieger aus.

Coachinghinweise und Feedback:
OF: „Was muss man tun, um ein Spiel zu gewinnen?" „Macht es Sinn, den Trick an den Gegner anzupassen?"
Im: „Deine beiden besten Tricks!"

Verlaufsplan

Zeit	Unterrichts-phasen	Inhaltliche Schwerpunkte/ Maßnahmen	Sozial-/ Aktions-formen	Medien	Anmerkungen zum Lernprozess
0-10´	Begrüßung, Aufwärmen Dribbelturnier	Jeder Durchgang dauert 30 Sekunden. In dieser Zeit versuchen die Ballbesitzer, möglichst viele Hütchentore zu durchdribbeln. Diejenigen ohne Ball versuchen, den Weg zu verstellen. Sie sollen aber weitestgehend passiv bleiben. Nach jedem Durchgang werden die Aufgaben getauscht. Wer hat nach drei Durchgängen die meisten Tore?	Plenum	Bälle	
10-13´	Problem-orientierung	„Wie seid ihr vorbeigekommen? Was habt ihr gemacht, als die anderen plötzlich gestanden haben?" „Welche Möglichkeiten habt ihr im Spiel, um an jemandem vorbeizukommen? (Ausfallschritt, Finte, Trick, Übersteiger . . .)." Ein Schüler demonstriert.	Plenum		
13-30´	Erarbeitungs-phase im Stationsbetrieb	Es werden vier Gruppen gebildet. In vier gleich großen Feldern (die Halle in vier Quadrate teilen) wird 1 gegen 1 gespielt auf zwei Hütchentore. Die Schüler sollen versuchen, im 1 gegen 1 ein Tor zu erzielen. Den Wechselmodus bestimmen sie selbst. Die Zählweise ebenfalls.	Gruppen-arbeit	Bälle, Hütchen	Maximale Dauer eines Zweikampfs: 15 Sekunden
30-35´	Reflexion	„Welche Finte war effektiv? Wie konnte man am besten ein Tor erzielen? Wie seid ihr am besten vorbeigekommen?"	Plenum		
35-45´	Motivierender Abschluss	Die Schüler führen in ihren Gruppen einen Wettkampf 1 gegen 1 durch. Die Gruppe wird durchnummeriert: 1:2, 3:4, 5:6, 7:8. Die Gewinner spielen das Halbfinale und Finale aus. Die Gruppensieger spielen jeder gegen jeden den Gesamtsieger aus.	Gruppen	Bälle, Hütchen	Die maximale Dauer eventuell erhöhen auf 20-30 Sekunden.

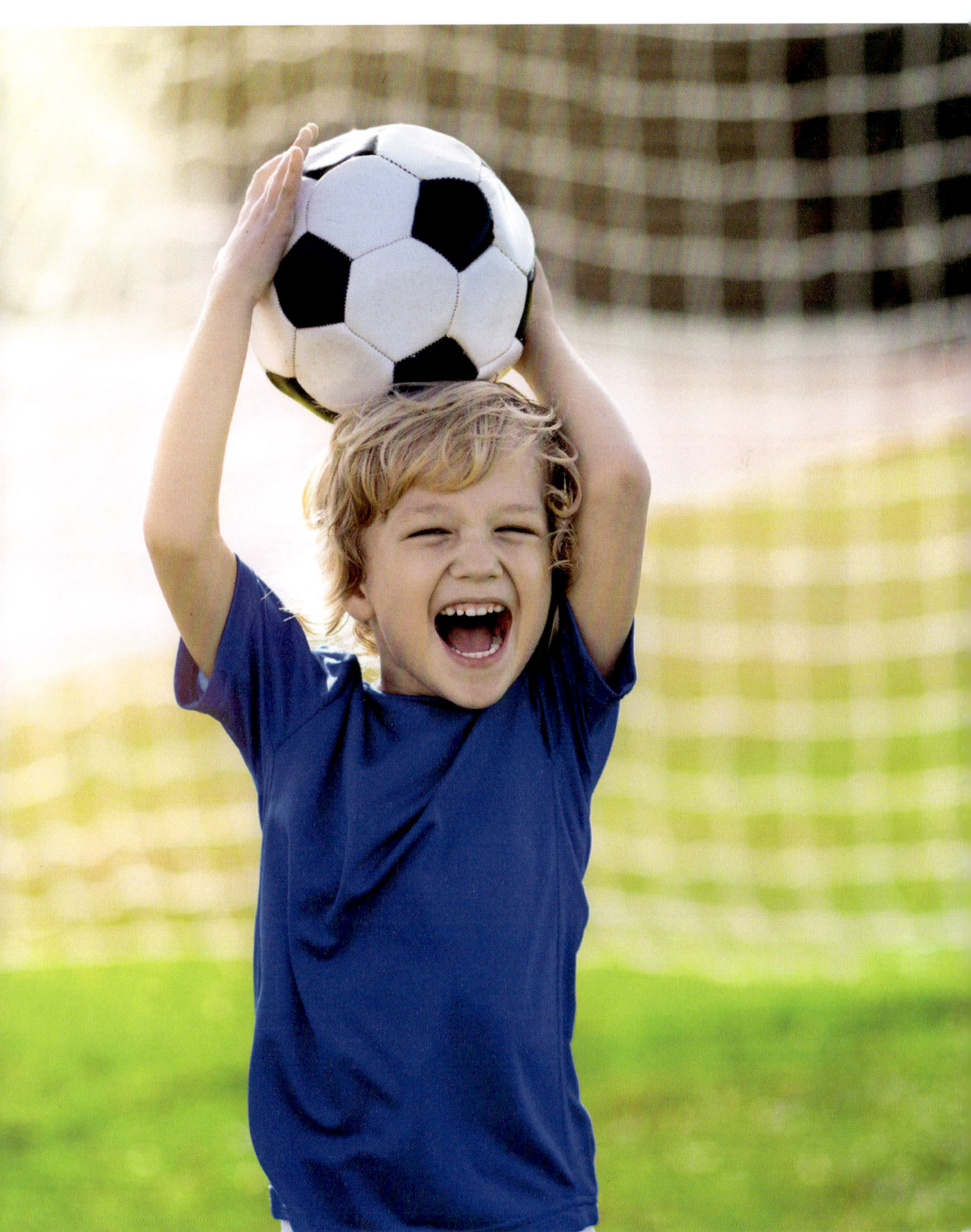

Stunde 4: Das Runde muss ins Eckige – Torschussvarianten entdecken und erproben

Aufwärmen

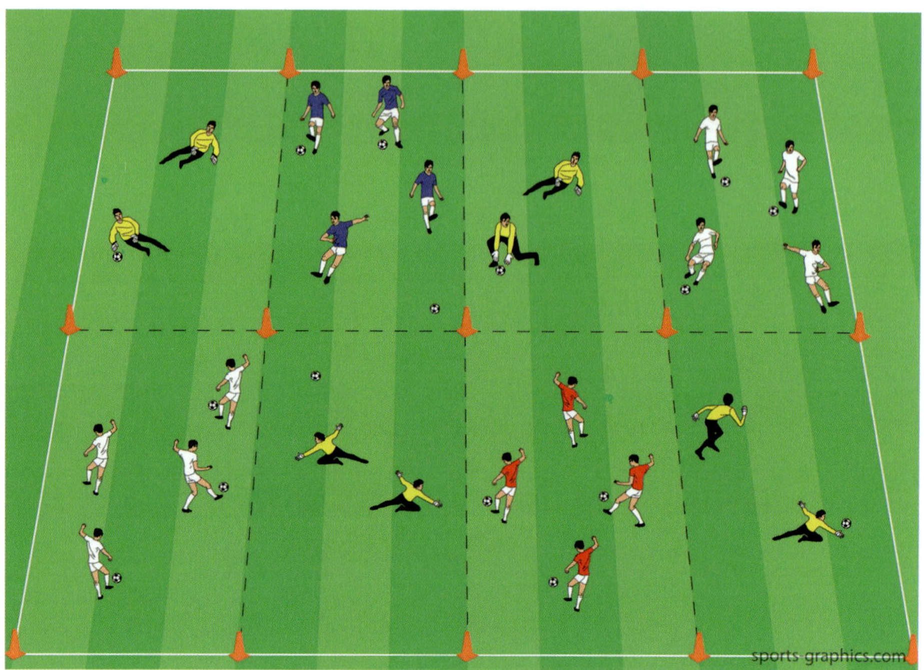

Organisation:
Teilen Sie die Halle in 8 gleich große Felder auf. Im Optimalfall ergeben sich aus der Klasse 4 gleich große Teams. Jeweils 2 Spieler agieren als Torwart, jeweils 4 (in unserem Beispiel) als Feldspieler mit Ball im Feld direkt gegenüber. Die Felder werden versetzt besetzt.

Ablauf und Variationen:
Aufgabe ist es, in der vorgegebenen Zeit das eigene Feld freizuhalten, indem die Bälle in das direkt gegenüberliegende Feld geschossen werden. Die TWs rollen die Bälle jeweils zur Seite ins Feld, sodass die Spieler im Feld immer gezwungen sind, Bälle rauszuschießen. Nach Ablauf der Zeit werden die Bälle in jedem Feld gezählt. Gewinner ist das Team mit den wenigsten Bällen. Nach zwei Durchgängen tauschen die Gruppen die Felder und spielen gegen andere Torwarte.

Coachinghinweise und Feedback:
Vo: „Ziele auf den Torhüter!"
GF: „Wo könnte man den Ball hinschießen?"
OF: „Kann man ‚taktisch' spielen?"
Im: „Beobachtet das Feld und die Torhüter."

Hauptteil

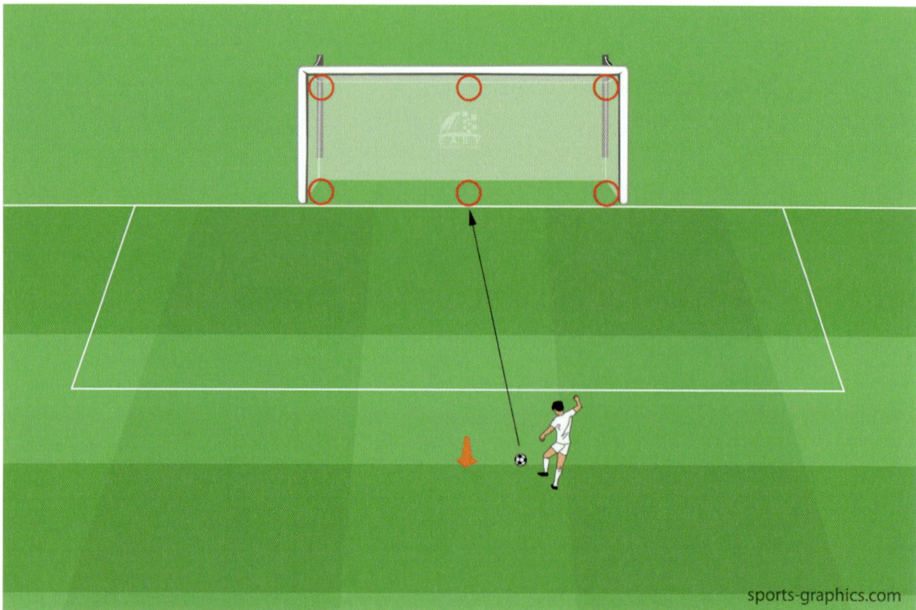

Station 1: Torwandschießen

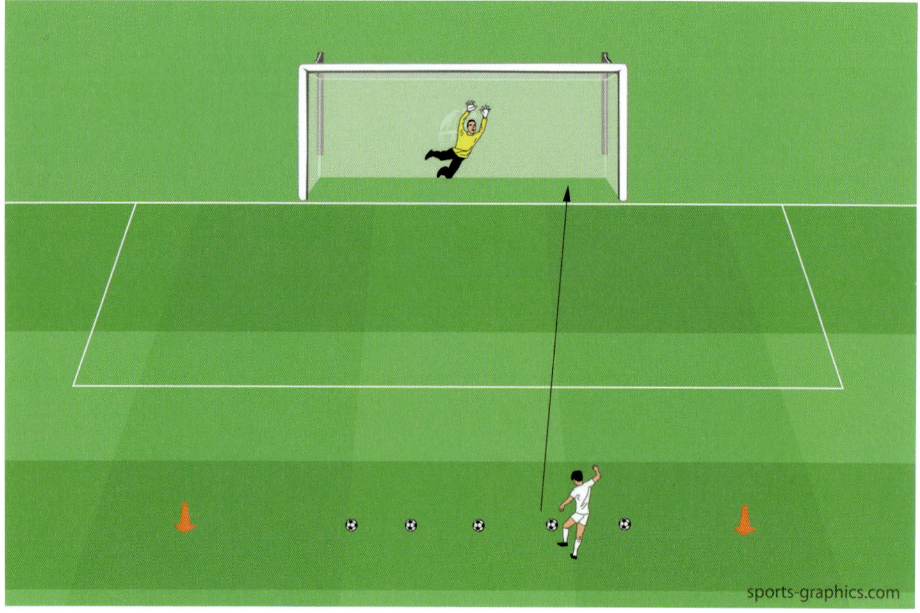

Station 2: Fest ins Netz!

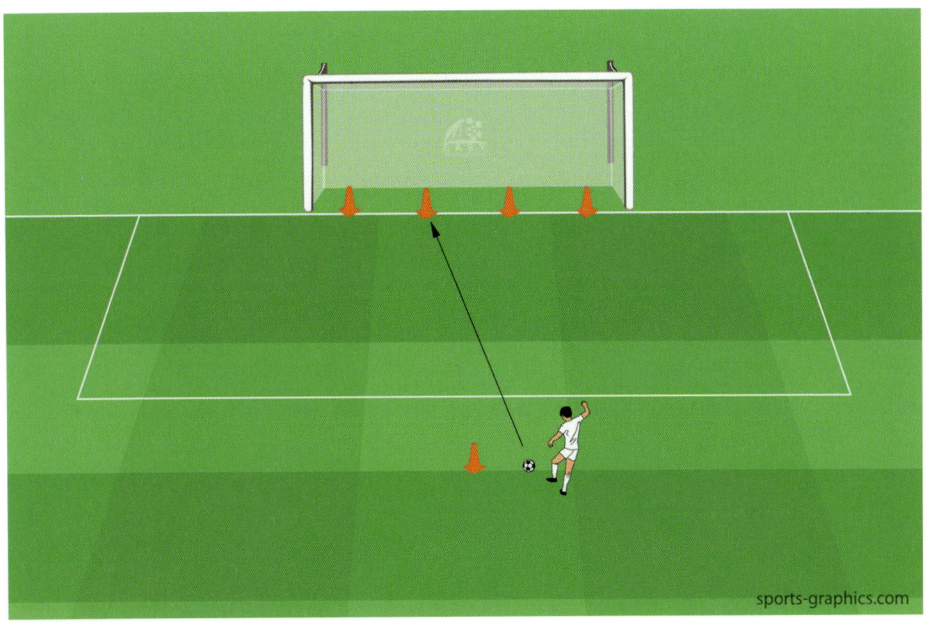

Station 3: Hütchen umschießen

Organisation:
Es werden sechs Gruppen gebildet. Jede Station sollte zweimal zur Verfügung stehen. Die Stationskarten liegen an den Stationen und erklären den Arbeitsauftrag.

Ablauf und Variationen:
Die Schüler sollen versuchen, die jeweilige Torschussaufgabe zu lösen. Die Technik bleibt jedem selbst überlassen. Somit sollen sie rausfinden, welche Technik bei welcher Aufgabe am effektivsten ist. Die Schüler sollen an den einzelnen Stationen Punkte sammeln. Es bietet sich ein gruppeninterner bzw. Klassenwettkampf an.

Coachinghinweise und Feedback:
Vo: „Halte das Ziel immer im Blick!"
Vo: „Kurz bevor du den Ball triffst, schaue auf den Ball!"
GF: „Wie musst du zum Ball stehen, um das Ziel zu treffen?"
OF: „Welcher Teil des Fußes eignet sich am besten dazu?"
IM: „Mache den Ball schnell!"

Schluss

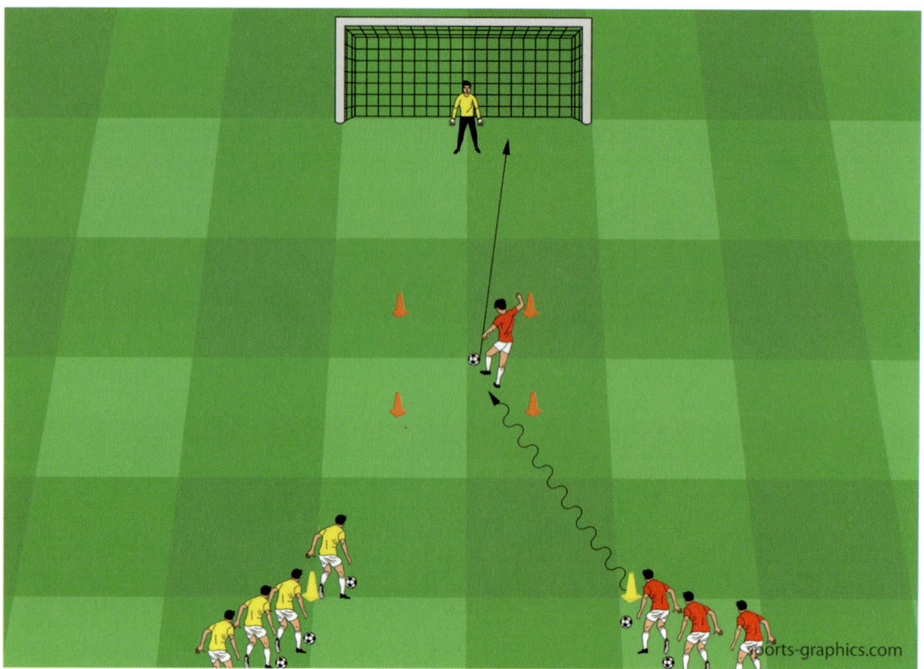

Organisation:
Die Gruppen bleiben bestehen. Jedes Gruppenmitglied hat einen Versuch pro Durchgang. Die Gesamtpunktzahl wird gezählt. Entweder mit oder ohne Torwart durchführen.

Ablauf und Variationen:
Die Spieler führen einen Torschusswettkampf durch. Der Ball muss in ein Feld gepasst werden, um von dort anschließend geschossen zu werden. Welche Technik sie anwenden, entscheiden die Spieler. Jeder Spieler hat einen Schuss. Gewonnen hat das Team mit den meisten Toren. Die Anzahl der Durchgänge kann variabel gestaltet werden.

Mögliche Differenzierung: „Fußballer" schießen auf ein Tor mit TW, schwächere Spieler auf ein Tor ohne TW, aber mit Hütchentoren im Großtor.

Coachinghinweise und Feedback:
GF: „Ist es besser, schneller oder langsamer und kontrollierter den Ball in die Schussposition zu bringen?"
OF: „Wie kannst du dir die beste Schussposition schaffen?"
OF: „Wie könnt ihr als Team am besten agieren?"

Verlaufsplan

Zeit	Unterrichtsphasen	Inhaltliche Schwerpunkte/ Maßnahmen	Sozial-/ Aktionsformen	Medien	Anmerkungen zum Lernprozess
0-10´	Begrüßung, Aufwärmen	Haltet das Feld frei! Die Schüler haben jeweils einen Ball. Einteilung wie abgebildet. Aufgabe ist es, in der vorgegebenen Zeit das eigene Feld freizuhalten, indem die Bälle in das direkt gegenüberliegende Feld geschossen werden. Die TWs rollen die Bälle jeweils zur Seite ins Feld, sodass die Spieler im Feld immer gezwungen sind, die Bälle rauszuschießen. Nach Ablauf der Zeit werden die Bälle in jedem Feld gezählt. Gewinner ist das Team mit den wenigsten Bällen. Nach zwei Durchgängen tauschen die Gruppen die Felder.	Plenum Gruppen	Bälle, Hütchen	Die maximal mögliche Anzahl an Ballkontakten realisieren.
10-13´	Problemorientierung	„Wie habt ihr den Ball ins andere Feld geschossen? Gibt es spezielle Techniken? Habt ihr Ideen, wann welche eingesetzt wird?"	Plenum		
13-30´	Erarbeitungsphase im Stationsbetrieb	An drei Stationen, die doppelt aufgebaut sind, probieren die Schüler die einzelnen Techniken aus. Station 1: Torwandschießen Innenseite Station 2: Spannstoß Station 3: Hütchen umschießen	Gruppenarbeit	Bälle, Hütchen, Stationskarten	
30-35´	Reflexion	„Welche Technik war am erfolgreichsten? Wo habt ihr die meisten Tore erzielt?"	Plenum		
35-45´	Motivierender Abschluss	Die Schüler führen einen Torschusswettkampf durch. Der Ball muss in ein Feld gepasst werden und anschließend geschossen werden. Welche Technik sie anwenden, entscheiden die Schüler. Jeder Schüler hat einen Schuss. Gewonnen hat das Team mit den meisten Toren.	Gruppen	Bälle, Hütchen	

Stunde 5: Ins Ziel passen! – Spielerische Möglichkeiten zum differenzierten Passspiel

Aufwärmen: Den Partner finden

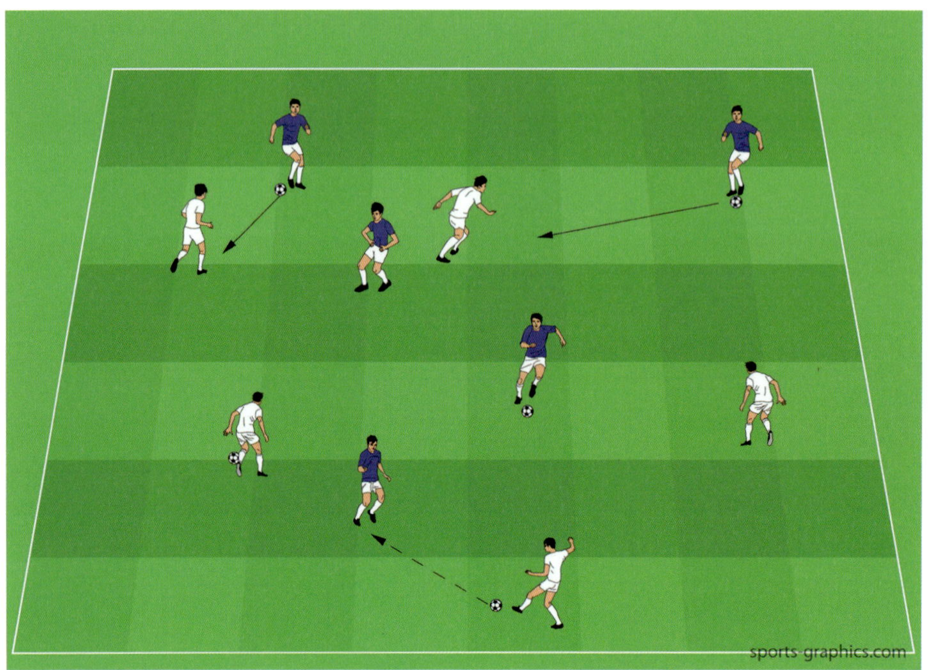

Organisation:
Bilden Sie Paare! Jedes Paar bekommt einen Ball. Die Spieler bewegen sich im kompletten Feld (in der ganzen Halle), sollen aber nicht nebeneinander laufen. Die Abbildung zeigt einen Ausschnitt.

Ablauf und Varianten:
Die Spieler sollen versuchen, ihren Partner zu finden, Blickkontakt aufzunehmen und ihn mit einem flachen Pass anzuspielen. Sobald dies gelungen ist, werden die Aufgaben getauscht. Der Spieler, der gerade gepasst hat, bewegt sich wieder ins Feld hinein und bietet sich seinem Mitspieler an.

Variante: Freie Partnerwahl (jeder mit jedem).

Coachinghinweise und Feedback:
Vo: „Bevor ihr passt, nehmt Blickkontakt auf!"
Vo: „Versuche, das Spielbein durchzuschwingen!"
Vo: „Gehe dem Ball einen Schritt nach, um ihn flach zu halten!"
GF: „Hilft es dir, in die Passrichtung zu schauen?"
OF: „Warum springt der Ball?"
Im: „Knie über den Ball!"

Hauptteil: Stationsbetrieb

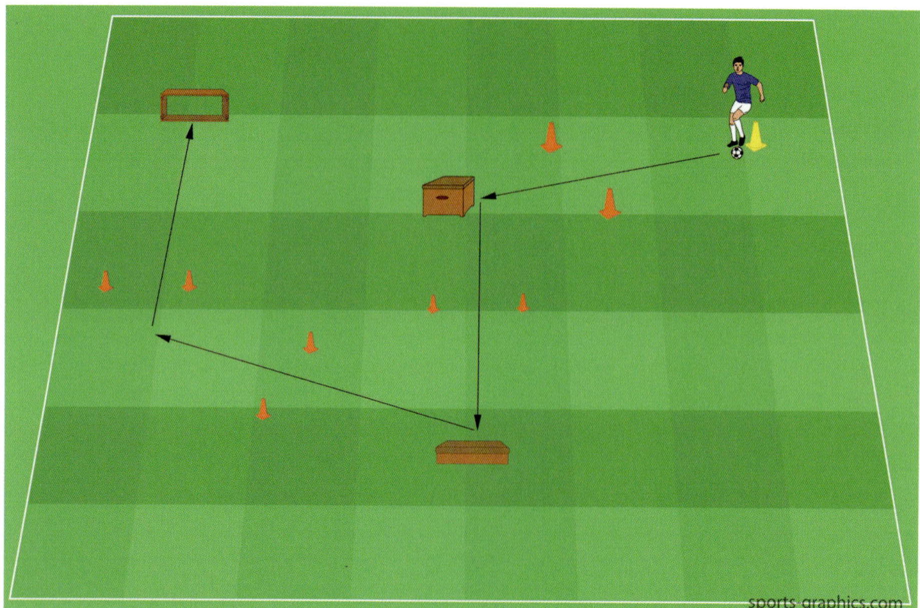

Station 1: Fußballgolf

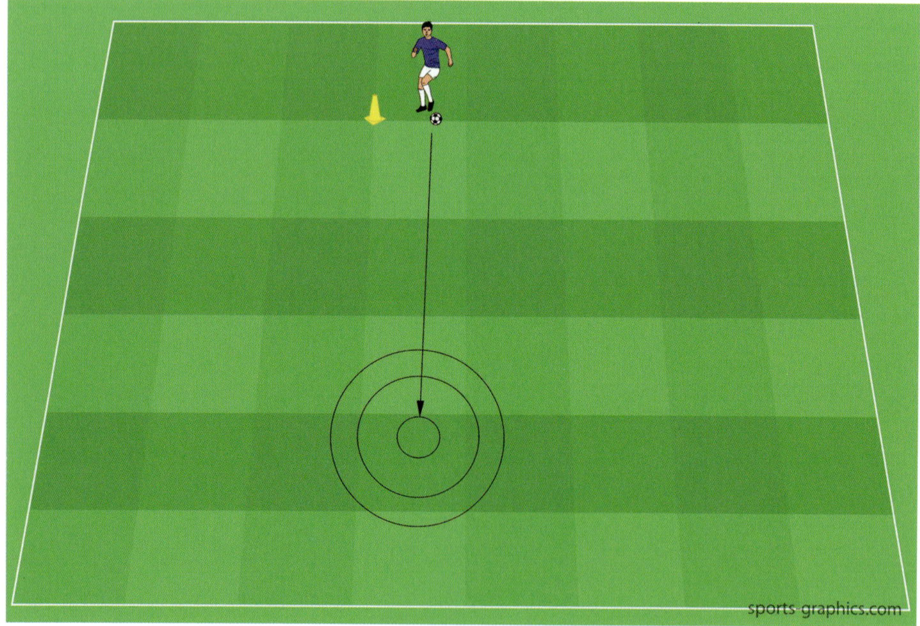

Station 2: Fußballboule

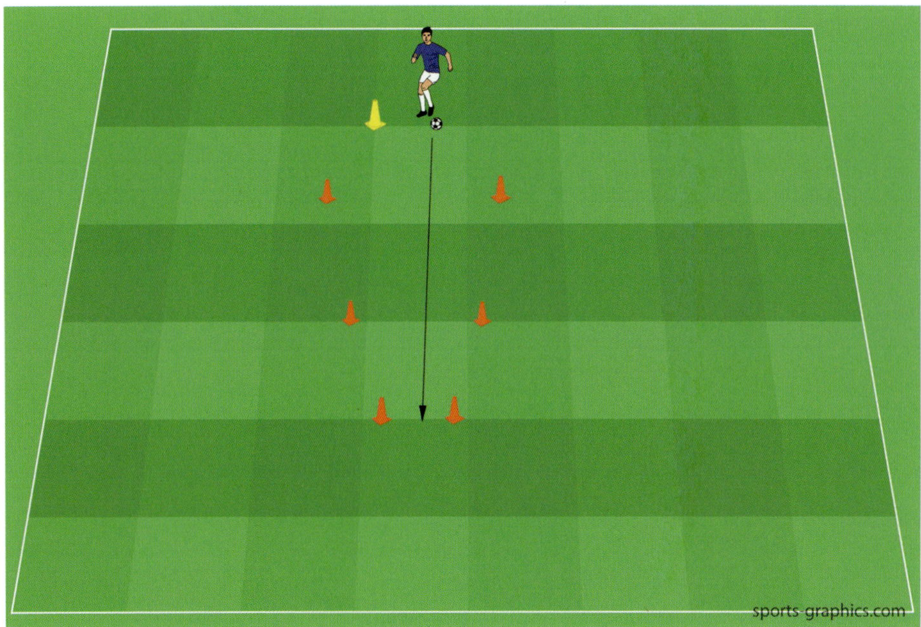

Station 3: Trichterpassen

Organisation:
Es werden sechs Gruppen gebildet. Jede Station sollte zweimal zur Verfügung stehen. Die Stationskarten liegen an den Stationen und erklären den Arbeitsauftrag.

Ablauf und Variationen:
Die Spieler sollen versuchen, die jeweilige Passaufgabe zu lösen. Die Technik bleibt jedem selbst überlassen. Somit sollen sie herausfinden, welche Technik bei welcher Aufgabe am effektivsten ist. Die Spieler sollen an den einzelnen Stationen Punkte sammeln. Es bietet sich ein gruppeninterner bzw. Klassenwettkampf an. Weiterhin sollen sie versuchen, herauszufinden, wie die Kraft am besten zu dosieren ist.

Aufbautipp:
Teilen Sie die Halle der Breite nach auf. Bestenfalls lassen sich die Stationen doppelt aufbauen. Außerdem sind die Abstände dann immer gleich.

Coachinghinweise und Feedback:
Vo: „Blicke dahin, wo du hinspielen möchtest!"
GF: „Wie kannst du den Ball flach halten?" „Wie dosierst du am besten?"
GF. „Warum ist das Schwungbein entscheidend?"
Im: „Nachgehen!"

Schluss

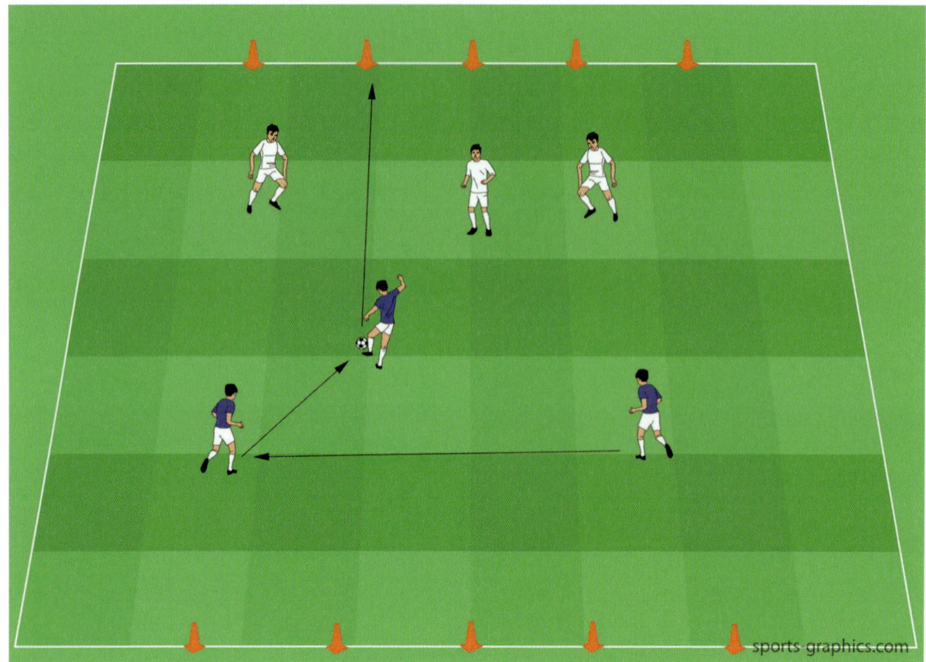

Organisation:
Es werden mehrere Spielfelder aufgebaut. Jedes Feld ist circa 10 x 10 Meter groß und ist mit Hütchen an den Ecken markiert. Als „Tore" werden größere Hütchen auf die Grundlinien gestellt. Es wird immer 3 gegen 3 gespielt. Der Einfachheit halber die Halle je nach Größe in Drittel aufteilen!

Ablauf und Variationen:
Ziel des Spiels ist es, durch geschicktes Passspiel einen Mitspieler freizuspielen und durch einen Flachpass die auf der Grundlinie befindlichen Hütchen umzuschießen. Hohe Bälle sind verboten. Wer zuerst alle Hütchen umgeschossen hat, gewinnt!

Coachinghinweise und Feedback:
Vo: „Bevor ihr passt, nehmt Blickkontakt auf!"
GF: „Wann entsteht eine Lücke?"
OF „Was müsst ihr tun, um euch eine Torchance zu erspielen?"
Im: „Durchschwingen!"
Im: „Geduld!"

Verlaufsplan

Zeit	Unterrichtsphasen	Inhaltliche Schwerpunkte/ Maßnahmen	Sozial-/ Aktionsformen	Medien	Anmerkungen zum Lernprozess
0-10´	Begrüßung, Aufwärmen	Die Spieler sollen versuchen, ihren Partner zu finden, Blickkontakt aufzunehmen und ihn mit einem flachen Pass anzuspielen. Sobald dies gelungen ist, werden die Aufgaben getauscht. Der Spieler, der gerade gepasst hat, bewegt sich wieder ins Feld hinein und bietet sich seinem Mitspieler an.	Plenum Partnerarbeit	Bälle, Hütchen	Die technische Ausführung soll weitestgehend ohne Ballfixierung erfolgen.
10-13´	Problemorientierung	„Welche Probleme gab es? Wie habt ihr eurem Partner signalisiert, dass er den Ball bekommt?"	Plenum		
13-30´	Erarbeitungsphase im Stationsbetrieb	An drei Stationen, die doppelt aufgebaut sind, probieren die Schüler die einzelnen Techniken aus: Station 1: Fußballgolf Station 2: Fußballboule Station 3: Trichterpassen	Gruppenarbeit	Bälle, Hütchen, Stationskarten	Dosierung und Schwungbeineinsatz als Ansätze, um die Erfolgschancen zu verdeutlichen.
30-35´	Reflexion	„Was musstet ihr beachten? Welche Durchführung war an welcher Station am erfolgreichsten?"	Plenum		
35-45´	Motivierender Abschluss Abschlussspiel	Es wird 3 gegen 3 gespielt. Durch geschicktes Passspiel soll ein Mitspieler freigespielt werden, um dann durch einen Flachpass die auf der Grundlinie befindlichen Hütchen umzuschießen. Hohe Bälle sind verboten. Wer zuerst alle Hütchen umgeschossen hat, gewinnt!	Gruppen	Bälle, Hütchen	

Stunde 6: Wir nähern uns dem großen Spiel! – Vom 1 gegen 1 zum 4 gegen 4

Aufwärmen: Dribbling nach Abpfiff

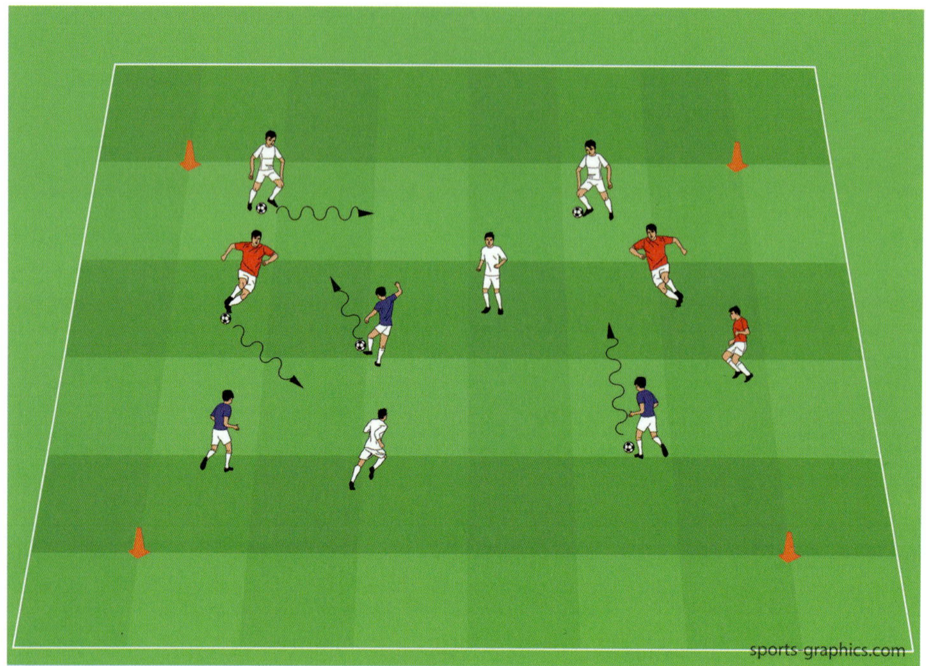

Organisation:
Bilden Sie aus Hütchen ein großes Feld oder nutzen Sie alternativ die ganze Halle.

Alle bewegen sich im Feld, ohne zusammenzustoßen. Jeder zweite Spieler hat einen Ball.

Ablauf und Variationen:
Die Spieler dribbeln durcheinander in ihrem Feld. Auf einen Pfiff bleiben die Spieler ohne Ball stehen. Diejenigen, die einen Ball haben, müssen nun schnellstmöglich zwei „stehende" Spieler umdribbeln. Nach 2-3 Durchgängen: Aufgabenwechsel.

Variante: Die Spieler, die stehen, stehen in der Grätsche. Die Dribbler müssen sie nicht mehr umdribbeln, sondern den Ball durch die Beine spielen. Mindestens zwei Tore müssen erzielt werden.

Coachinghinweise und Feedback:
Siehe Stunde 1.

Hauptteil: Turnier

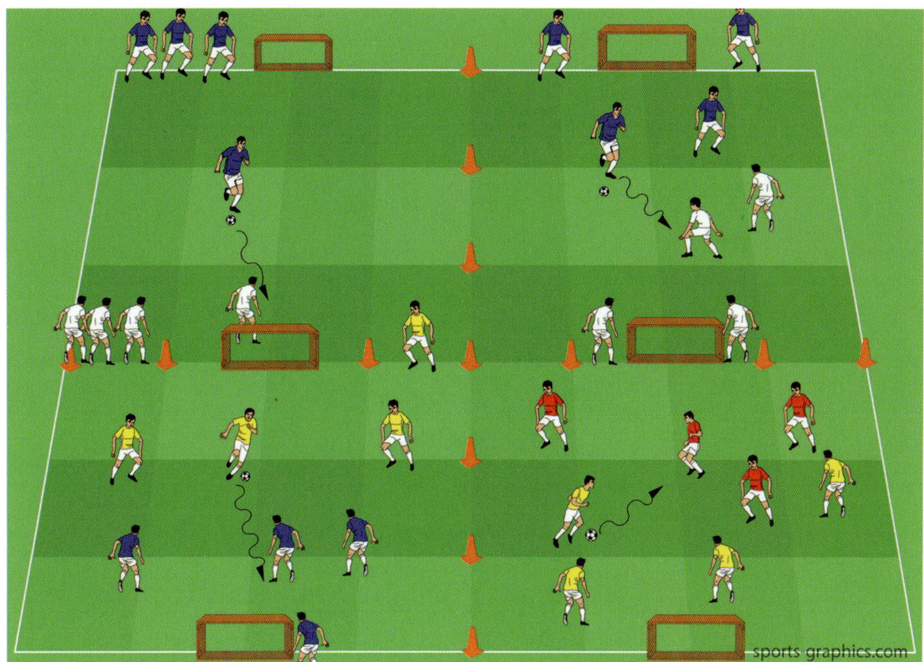

Organisation:
Es werden Vierergruppen gebildet. Ansonsten gleich große Gruppen. Anhand des Turnierplans wird die Reihenfolge festgelegt. An Station 1 wird 1:1 gespielt. An Station 2 2:2, an Station 3 3:3 und an Station 4:4 gespielt.

Ablauf und Variationen:
In einem Rhythmus von sechs Minuten wird jeweils an den Stationen gespielt.

Beim 1 gegen 1 wird in festgelegter Reihenfolge gegeneinander gespielt. Sobald ein Tor fällt, ist das Spiel vorbei. Andernfalls nach spätestens einer Minute. Es wird so lange gespielt, bis die Zeit abgelaufen ist.

Bei 2 gegen 2 wird genauso vorgegangen. Beim 3 gegen 3 und 4 gegen 4 wird durchgehend gespielt, wobei hier die Teams durch fliegenden Wechsel immer unterschiedlich zusammengestellt werden können. Falls Auswechselspieler vorhanden sind, sollte immer nach einer Minute gewechselt werden.

Verlaufsplan

Zeit	Unterrichtsphasen	Inhaltliche Schwerpunkte/ Maßnahmen	Sozial-/ Aktionsformen	Medien	Anmerkungen zum Lernprozess
0-10´	Begrüßung, Aufwärmen	Die Spieler dribbeln durcheinander in ihrem Feld. Pfiff plus Aufgabenstellung.	Plenum	Bälle, Hütchen	
10-13´	Problemorientierung	„Welche Gemeinsamkeiten habt ihr im Vergleich zum normalen Fußballspiel festgestellt?" (Tore erzielen/Tore verhindern)	Plenum		
13-40´	Erarbeitungsphase im Stationsbetrieb	Die Gruppen spielen in festgelegter Reihenfolge gegeneinander.	Gruppenarbeit	Bälle, Hütchen	Vierergruppen (gegebenenfalls mit Auswechselspieler)
40-45´	Siegerehrung	„Welches Team hat die meisten Stationen gewonnen?"	Plenum		

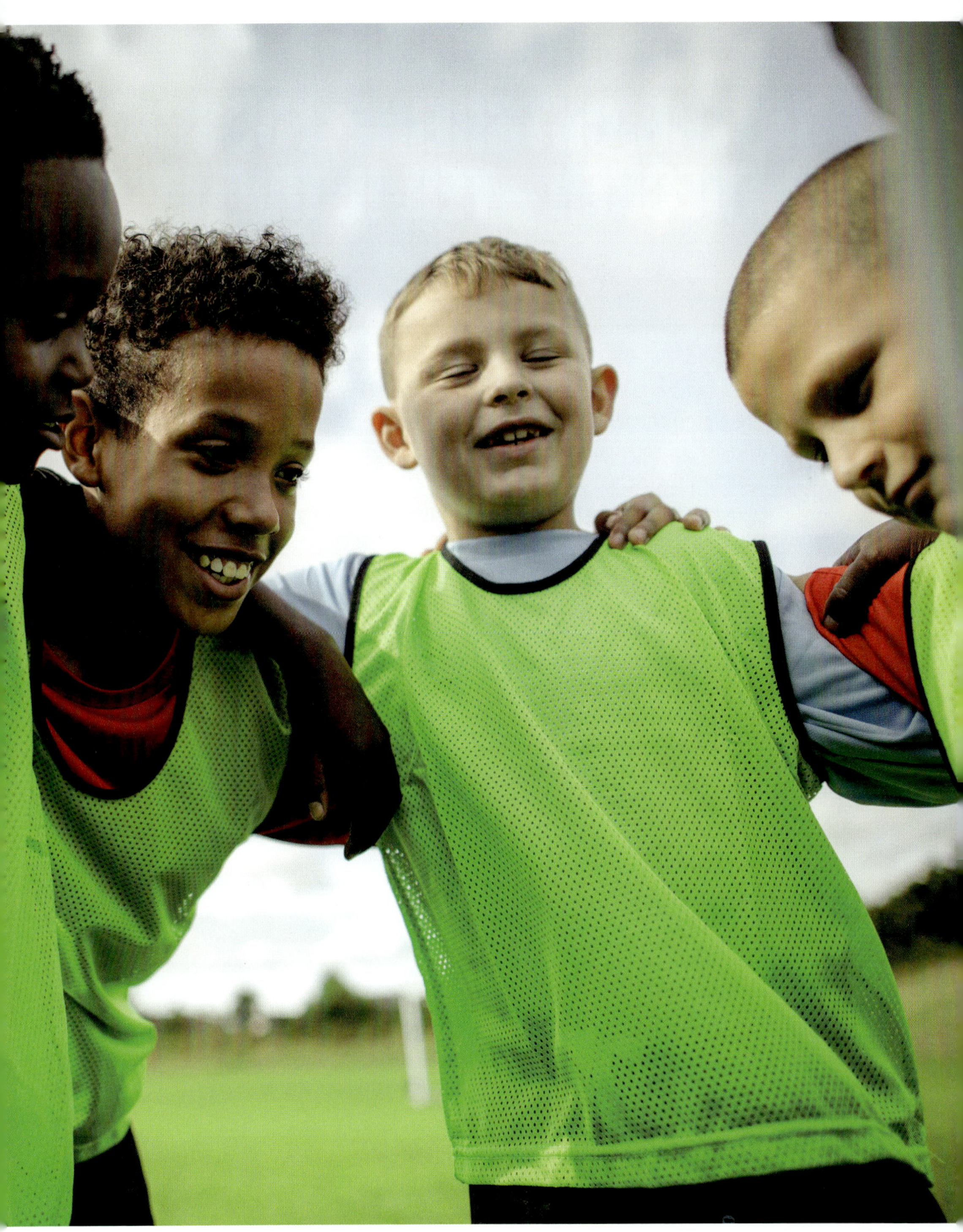

KAPITEL 5

UNTERRICHTSREIHE „FUSSBALL ENTDECKEN – TEIL II: TAKTIK“

Die zweite Unterrichtsreihe greift die in Teil I erarbeiteten technischen Inhalte auf und versucht, diese in sogenannte *basistaktische Situationen* einzubetten. Das Ziel ist es, Grundlagen des taktischen Verständnisses zu erlangen und zu verstehen. Sicherlich wird hier auch der technische Aspekt nochmals unter verschiedenen Drucksituationen weiterentwickelt.

Dass Zeit-, Raum-, Gegnerdruck bei taktischen Inhalten zunimmt, ist normal und somit ergeben sich erhöhte Anforderungen an die Technik.

Grundsätzlich ist es nicht beabsichtigt, zu hohen Druck zu erzeugen, da wir im Schulfußball immer noch deutlich weniger Vereinsspieler haben, denen man auf dem Niveau einen Expertenstatus zuschreiben kann.

Die folgenden Unterrichtsstunden sind so konzipiert, dass fast alle Übungs- und Spielformen auf einem sehr einfachen Niveau starten, welches sich weiter steigern lässt.

Stunde 1: Richtung Tor – ein Ziel ansteuern

Aufwärmen

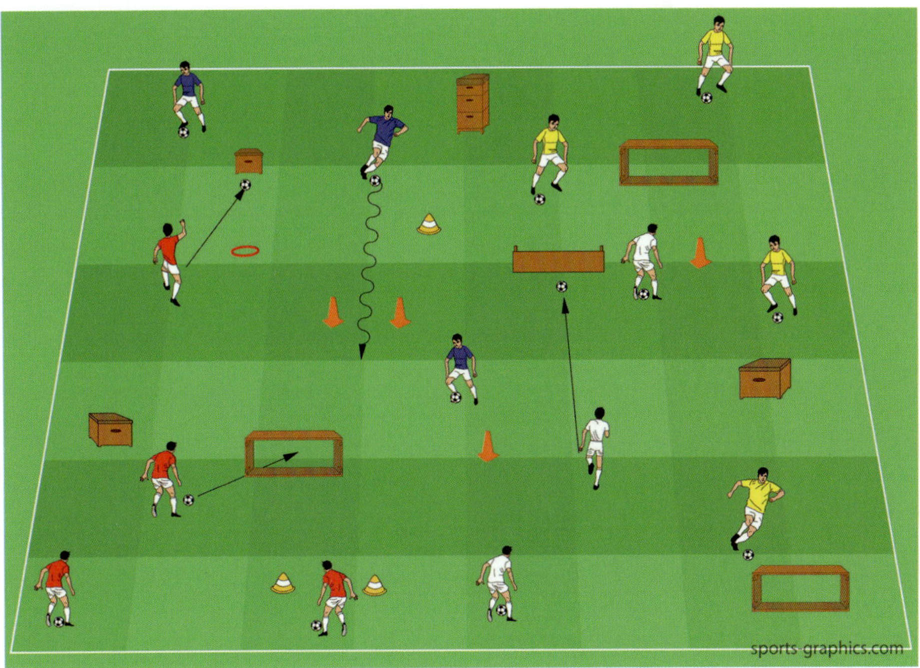

Organisation:
Verteilen Sie unterschiedliche „Ziele" in der Halle (Hütchen, Kästen, Markierungen an der Wand . . .). Jedes Kind hat einen Ball.

Ablauf und Variationen:
Alle Kinder dribbeln mit ihrem Ball durch die Halle. Sie sollen versuchen, möglichst viele Ziele anzusteuern. Sie dürfen um diese herumdribbeln oder einen Pass dagegen spielen. Sie sollen unterschiedliche Entfernungen ausprobieren sowie aus unterschiedlichen Winkeln an die Hindernisse randribbeln oder passen.

Coachinghinweise und Feedback:
Vo: „Spiele den Ball einmal aus einer kurzen und dann aus einer längeren Distanz!"
Vo: „Versuche dann, den Kasten von der Seite schräg anzuspielen!"
GF: „Nenne mir die Techniken, die du benötigst, um das Ziel zu treffen!"
OF: „Wie erreichst du am ehesten das Ziel?"

Hauptteil

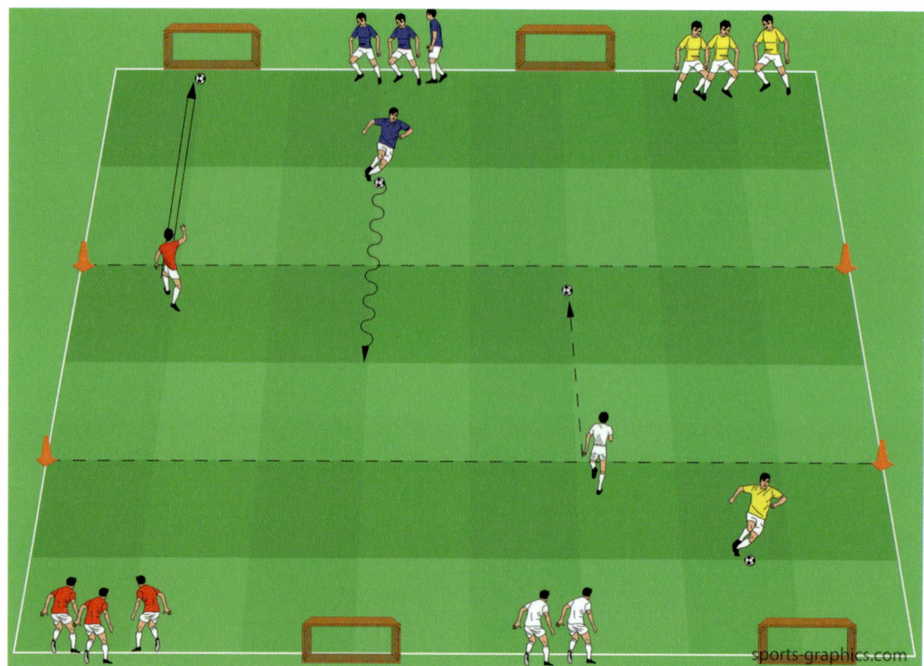

Organisation:

Teilen Sie das Feld in vier gleich große Felder auf. In jedem Feld steht am Ende ein Kastenteil oder eine Matte als Tor (ein Hütchentor geht auch). Legen Sie, wenn vorhanden, Bodenmarkierungen aus, um drei Zonen vor dem Tor zu kennzeichnen. Alternativ Leibchen auslegen (Rutschgefahr) oder Klebestreifen, um ungefähr die Grenzen zu markieren. Seitlich können Bänke als Abgrenzung genutzt werden.

Ablauf und Variationen:

Die Kinder starten an der Mittellinie mit ihrem Ball am Fuß. Die Aufgabe besteht darin, aus den Zonen 1, 2, 3 auf das Tor zu passen oder zu schießen. Wichtig ist dabei, dass sie die Abstände nach jedem Versuch wechseln, um die Unterschiede zu erkennen. Als Variation können die Kinder auch schräg auf das Tor zudribbeln.

Variation für Vereinsspieler:

Der dribbelnde Spieler wird direkt nach dem Abschluss zum Abwehrspieler und erwartet den nächsten Spieler in einer Zone. Der nächste Spieler muss dann entscheiden, ob er aus einer anderen Zone abschließt oder den Zweikampf sucht.

Coachinghinweise und Feedback:
Vo: „Versuche, den Ball zu kontrollieren, indem du ihn eng am Fuß führst!"
GF: „Von welcher Seite kannst du besser eindribbeln und abschließen?" (Stichwort Spielbein rechts oder links)
OF: „Unter welchen Bedingungen kommt der Ball aus den einzelnen Zonen an?"
Im: „Dosierung!"

Schluss

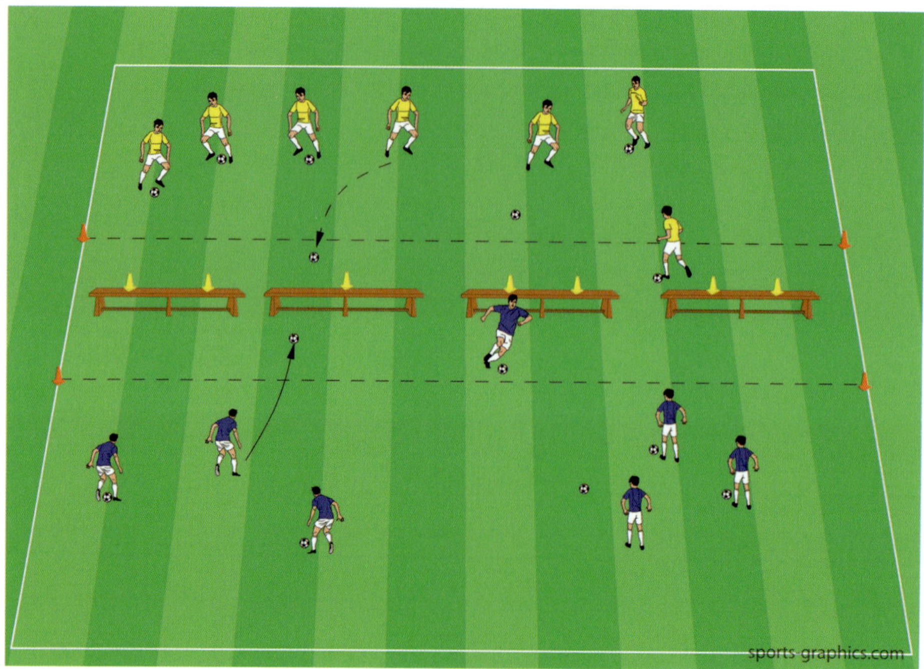

Organisation:
Teilen Sie zwei gleich große und starke Teams ein. Die Hallenmitte halbiert das Feld. Jedes Team befindet sich in einer Hälfte. Auf die Mittellinie stellen sie eine ungerade Anzahl von Hütchen (fünf oder sieben haben sich bewährt).

Jedes Team hat eine bestimmte Anzahl Bälle. Im Optimalfall jeder einen, ansonsten auf beispielsweise 10 begrenzen.

Legen Sie eine Angriffslinie fest, mindestens zwei Meter von der Mittellinie entfernt. Vor dieser Linie darf nicht geschossen werden. Bälle dürfen von dort geholt werden.

Ablauf und Variationen:
Auf das Startsignal dürfen alle Bälle ins Spiel kommen. Die Kinder sollen versuchen, die Hütchen umzuschießen, sodass sie beim Gegner in der Hälfte landen. Sind alle Hütchen umgeschossen, ist das Spiel zu Ende. Die Mannschaft, die die meisten Hütchen ins gegnerische Feld befördert hat, gewinnt (daher die ungerade Anzahl).

Variation:
Stellen Sie die Hütchen auf eine oder mehrere Bänke, die die Mitte markieren. Damit üben die Kinder, auch mit dem Fuß unter den Ball zu kommen, damit der Ball etwas an Höhe gewinnt.

Alternative:

Haltet die Seite frei! Mit diesem Spiel kann man sogar einsteigen und dann auf Hütchen erweitern. Somit also auch ein ideales Aufwärmspiel für jede Stunde. Es ermöglicht sehr viele Ballkontakte und viel Bewegungszeit.

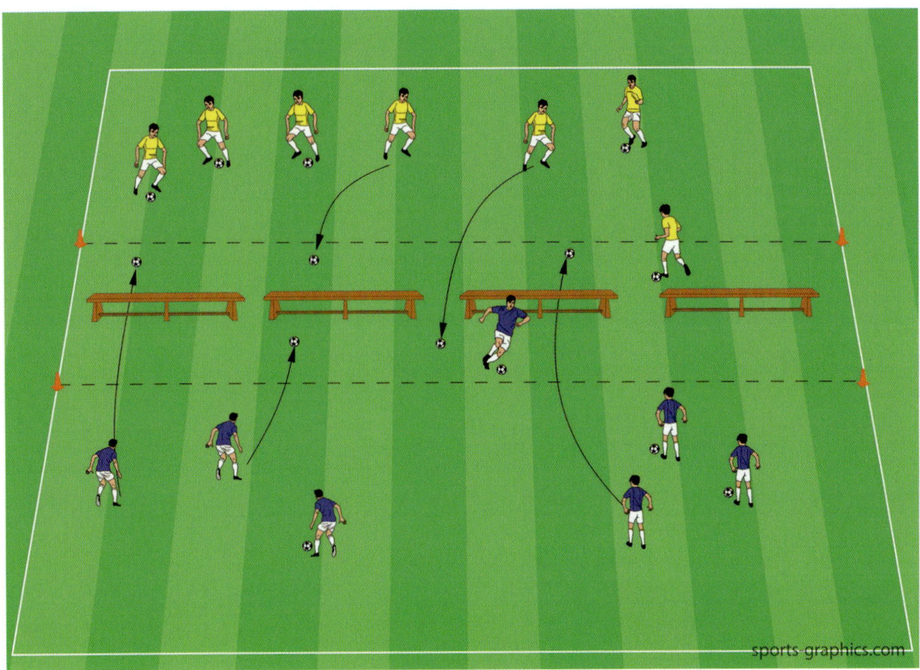

Haltet die Seite frei!

Coachinghinweise und Feedback:

Vo: „Schaue dein Ziel an, bevor du schießt/passt!" (Stichwort Blickkontakt)
Vo: „Achte auf die richtige Position zum Ball!" (Standbein neben dem Ball, ...)
Vo: „Versuche, beim hohen Ball die Fußspitze zu strecken, damit du mit dem ganzen Fuß unter den Ball kommst."
GF: „Auf welche Körperteile kommt es an, um das Ziel zu treffen?"
OF: „Gibt es einen Körperteil, der die Richtung vorgibt?
Im: „Ziel!", „Position!", „Fußspitze!"

Verlaufsplan

Zeit	Unterrichts-phasen	Inhaltliche Schwerpunkte/ Maßnahmen	Sozial-/ Aktions-formen	Medien	Anmerkungen zum Lernprozess
0-10´	Begrüßung, Aufwärmen	Alle Kinder dribbeln mit ihrem Ball durch die Halle. Sie sollen versuchen, möglichst viele Ziele anzusteuern.	Plenum Einzelarbeit	Bälle, Hütchen, Kastenteile	Distanzen, Winkel und Techniken ausprobieren.
10-13´	Problem-orientierung	„Was muss ich tun, um mein Ziel optimal anzusteuern?" „Welche Position ist die beste?"	Plenum		
13-30´	Erarbeitungs-phase im Stationsbetrieb	Die Kinder sollen unterschiedliche Distanzen kennenlernen und ausprobieren. Die Techniken dementsprechend anpassen.	Gruppen-arbeit	Bälle, Hütchen, Tore	Nach dem sehr freien Auftakt wird hier konkret auf das Passen und Schießen als Technik eingegangen und auf die Anwendung unter verschiedenen Distanzen und Winkeln.
30-35´	Reflexion	„Welche Ausführung war wann am erfolgreichsten?"	Plenum		Vorschläge für die Umsetzung sammeln.
35-45´	Motivierender Abschluss Abschluss-spiel	Die Kinder versuchen, die Hütchen umzuschießen, um das Spiel zu gewinnen.	Gruppen	Bälle, Hütchen, Bänke	Unter leichtem Zeitdruck muss die technische Ausführung weiterentwickelt werden, um im Spiel erfolgreich zu sein.

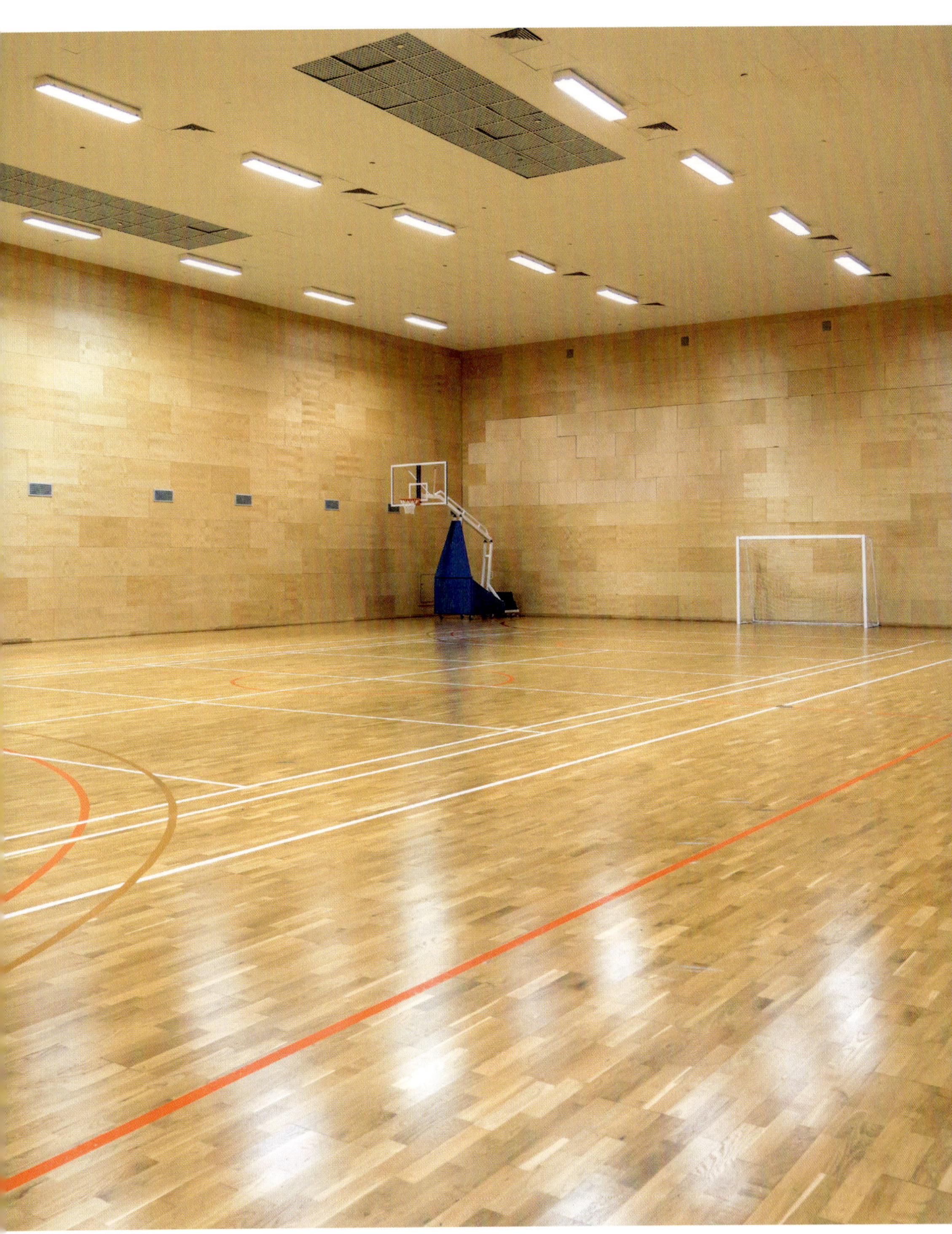

Stunde 2: Vorbereitung ist alles – den Ball dem Ziel annähern

Aufwärmen

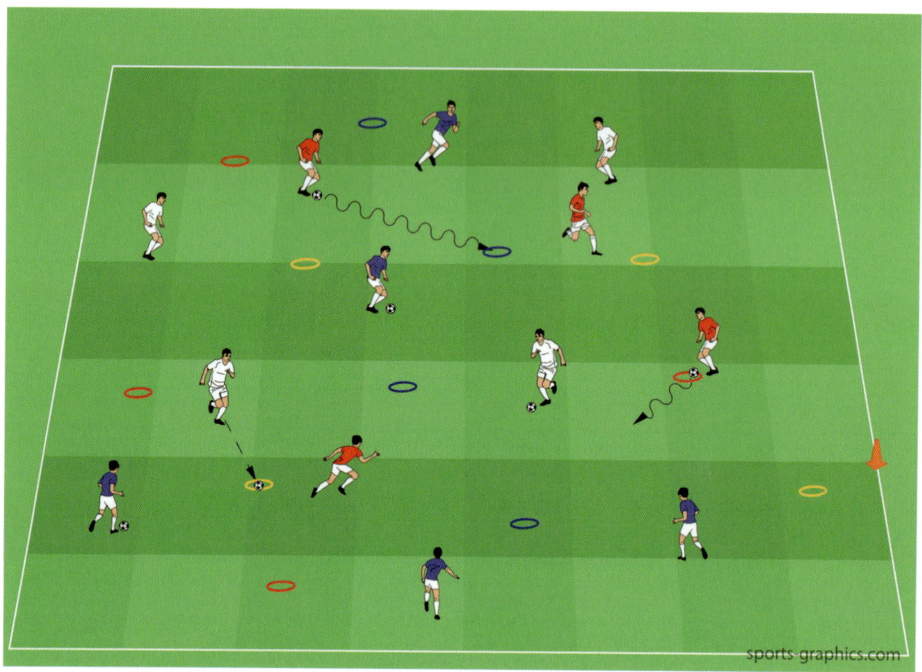

Organisation:
Legen Sie in der Halle eine große Anzahl Gymnastikreifen in entsprechend großen Abständen aus. Jedes zweite Kind bekommt einen Ball.

Ablauf und Variationen:
Die Ballbesitzer versuchen nun, den Ball in den Reifen abzulegen. Sobald das gelungen ist, laufen sie weiter und suchen einen Ball, der in einem anderen Reifen liegt. Den dribbeln sie dann weiter durch die Halle, bis ein Reifen frei wird.

Aufbautipp:
Da Gymnastikreifen dünne Ränder haben, kann man auch Kästen oder Matten als Ziele benutzen. Dann wird die Aufgabe leichter.

Coachinghinweise und Feedback:
Vo: „Versuche, den Ball auf unterschiedliche Art und Weise in den Reifen zu befördern!" (Lupfen, Stoppen, . . .). Wichtig ist, dass er nicht mehr rausrollt.
GF: „Welche Möglichkeiten hast du, um den Ball im Reifen zu platzieren?"
OF: „Kannst du den Ball im Reifen unterbringen?"
Im: „Je weiter du vom Reifen entfernt bist, desto anspruchsvoller wird der Pass. Denke dabei an das richtige Tempo (Schärfe)!"

Hauptteil

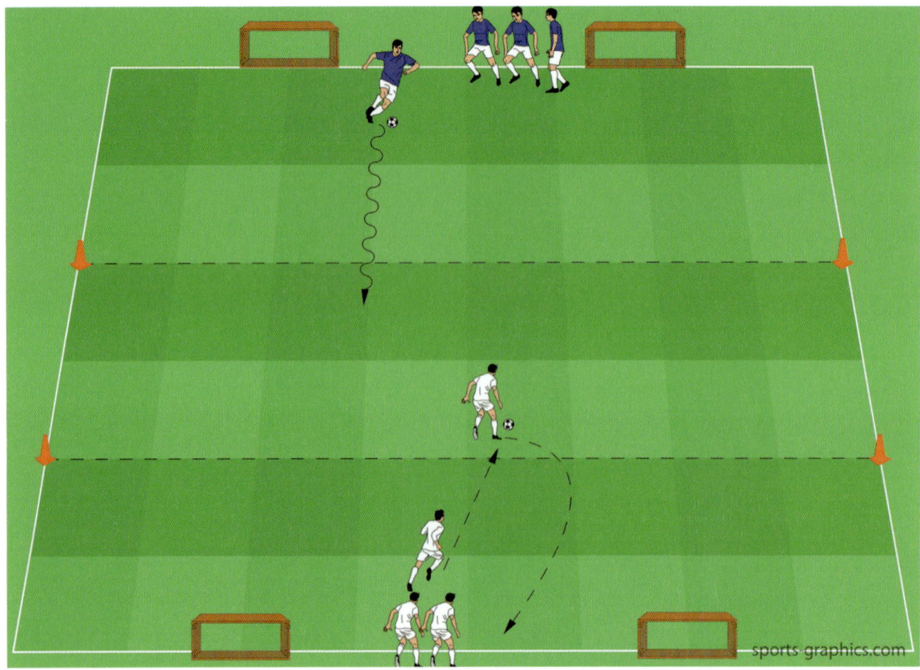

Organisation:
Teilen Sie die Halle in gleich große Felder. Am Ende jedes Feldes befinden sich zwei Minitore aus Hütchen, Matten oder Kastenteilen. Jedes Feld ist in drei Zonen eingeteilt. Diese wie in Stunde 1 mit Bodenmarkierungen, Leibchen oder Klebestreifen kenntlich machen. Die obige Abbildung zeigt ein Feld.

Ablauf und Variationen:
Die Schüler teilen sich gleichmäßig in die Felder auf. Innerhalb der einzelnen Gruppen bilden die Kinder Paare und positionieren sich zwischen den Toren. Partner 1 dribbelt mit dem Ball auf eines der Tore zu und stoppt diesen in einer Zone seiner Wahl.

Partner 2 läuft hinterher und schießt oder passt von dieser Position auf eines der Tore, welches am meisten Sinn macht. Beide Seiten können etwas zeitversetzt starten. Nach Ablauf eines Durchgangs erfolgt ein Aufgabenwechsel innerhalb der Paare.

Alternative: Sollten sich keine Paare bilden lassen oder einfach nicht gewünscht sein, lassen Sie die Kinder in einer festgelegten Reihenfolge starten, das erste Kind mit Ball, das nächste Kind ohne Ball usw.

Coachinghinweise und Feedback:
Achten Sie darauf, dass die Kinder etwas zeitversetzt dem Partner hinterherlaufen und nicht direkt dahinter sind. Hilfreich ist es ebenfalls, den Ballführenden darauf hinzuweisen, dass er für seinen Partner eine bestmögliche Situation schaffen sollte (Stichwort: Zusammenarbeit).

Schluss

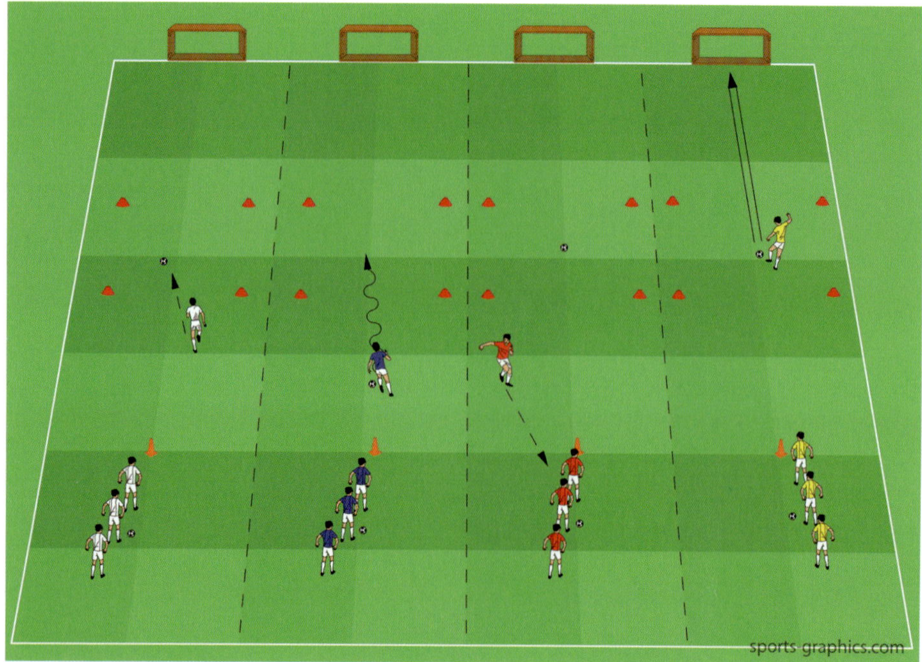

Organisation:

Teilen Sie die Halle in vier gleich große Bahnen. Am Ende der Halle befindet sich ein Starthütchen. Weiter vorne befindet sich ein Hütchenviereck als Zielzone. Im gleichen Abstand weiter vorne ist ein Tor aufgebaut. Die Kinder befinden sich hinter dem Starthütchen.

Aufbautipp:

Stellen Sie zwischen die Staffelfelder Bänke als Trennwände. Dadurch gibt es auch keinen Streit um die Bälle, da jedem Feld eine bestimmte Anzahl zugeordnet wurde.

Ablauf und Variationen:

Übernehmen Sie die vier Gruppen aus dem Hauptteil. Positionieren Sie diese an einem Starthütchen hintereinander. Jeder zweite Spieler hat einen Ball. Die Aufgabe besteht darin, den Ball zur Zielzone zu führen und abzulegen. Der Nächste muss nach dem Abklatschen dorthin laufen und auf das Tor schießen. Dann klatscht er wiederum den Nächsten ab usw.

Das Staffelspiel wird auf Zeit gespielt, sodass am Ende die meisten Tore zählen. Wird ein Ball außerhalb der Zielzone geschossen, ist er als ungültig zu werten. Alle nicht beteiligten Spieler können sich am Bällesammeln beteiligen.

Sollten die Spieler ein etwas besseres Niveau haben, kann auch ins Feld gedribbelt und selbst von dort geschossen werden. Diese Variation wäre eine Steigerung.

Coachinghinweise und Feedback:
„Lege den Ball möglichst in der Mitte des Feldes ab, so hat dein Partner die meisten Auswahlmöglichkeiten!" oder: „Frage deinen Partner vorher, ob er den Ball lieber mehr rechts oder mehr links abgelegt hätte" (Stichwort: Spielbein, Erfolgsquote beim Abschluss).

Verlaufsplan

Zeit	Unterrichts-phasen	Inhaltliche Schwerpunkte/ Maßnahmen	Sozial-/ Aktions-formen	Medien	Anmerkungen zum Lernprozess
0-10´	Begrüßung, Aufwärmen	Die Spieler sollen versuchen, den Ball in den Reifen abzulegen. Sie entscheiden dabei über die Technik.	Plenum, gesamte Klasse	Bälle, Hütchen Reifen	Es geht in erster Linie darum, das Ziel anzusteuern und dann auch zu stoppen. Als Vorstufe zum Torabschluss oder Pass bietet sich diese Spielform zur Vereinfachung an.
10-13´	Problem-orientierung	„Welche Probleme gab es? Wie habt ihr den Ball in den Reifen befördert, ohne dass er wieder herausrollte?"	Plenum		
13-30´	Erarbeitungs-phase im Stations-betrieb	Die Kinder arbeiten in Gruppen. Spieler 1 dribbelt auf das Tor zu und legt den Ball im Feld seiner Wahl ab. Spieler 2 schießt aufs Tor. Danach erfolgt ein Aufgabenwechsel.	Gruppen-arbeit	Bälle, Hütchen, Kasten-teile	Bei dieser Form sollen zwei Ziele angesteuert werden. Erstens das Feld, wo der Ball abgelegt wird und zweitens das Tor. Durch die Aufteilung wird die Komplexität reduziert.
30-35´	Reflexion	„Was musstet ihr beachten? Welche Durchführung war am erfolgreichsten?"	Plenum		
35-45´	Motivierender Abschluss Abschluss-spiel	In vier Bahnen gibt es vier Gruppen. Es gibt eine Zielzone und ein Tor.	Gruppen	Bälle, Hütchen	In dieser Wettkampfform kann das Gelernte unter minimalem Zeitdruck angewendet werden.

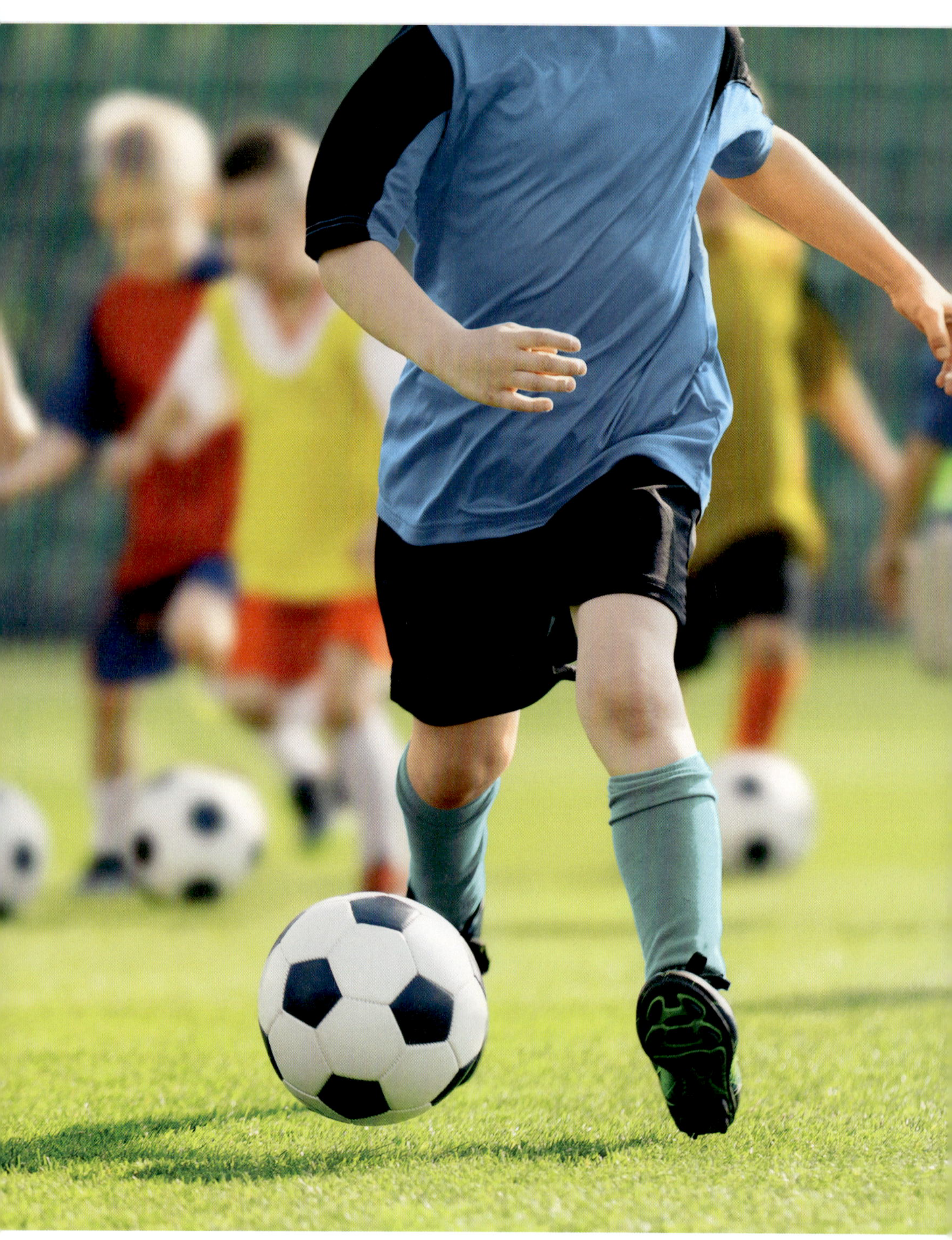

Stunde 3: Verbesserung des Zusammenspiels

Aufwärmen: Farbenpassen wie die Nationalmannschaft

(vgl. Fußballtraining Fokus: Wer den Ball hat, kontrolliert das Spiel!)

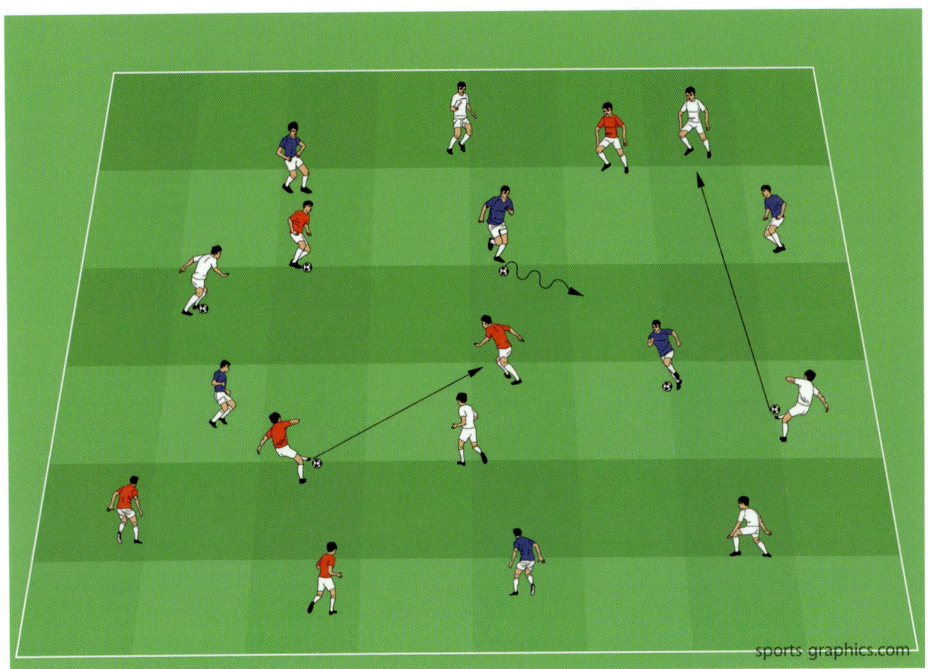

Organisation:

Teilen Sie die Klasse in drei gleich große Gruppen mit farblichen Leibchen ein. In jeder Gruppe gibt es 2-3 Bälle. Bewährt hat sich ein Verhältnis 1:3.

Beispiel: Klasse mit 30 Kindern = 3 x 10 = 10/3 = 3 Bälle pro Gruppe. Im Bild 2:6 als Ausschnitt.

Ablauf und Variationen:

Die Kinder laufen durcheinander in der Halle, diejenigen, die den Ball haben, führen ihn eng am Fuß.

Die erste Aufgabe besteht darin, den Ball innerhalb der Gruppe (Farbe) zuzupassen, ohne dass er verloren geht. Hierbei kann die Dauer zwischen einer und drei Minuten variiert werden. Je öfter die Form durchgeführt wurde, desto besser klappt es und sie kann mit 1,5 Minuten pro Durchgang optimal getimt werden.

Zweite Aufgabe: Farbenreihenfolge

(Alternative: Nummer statt Farben)

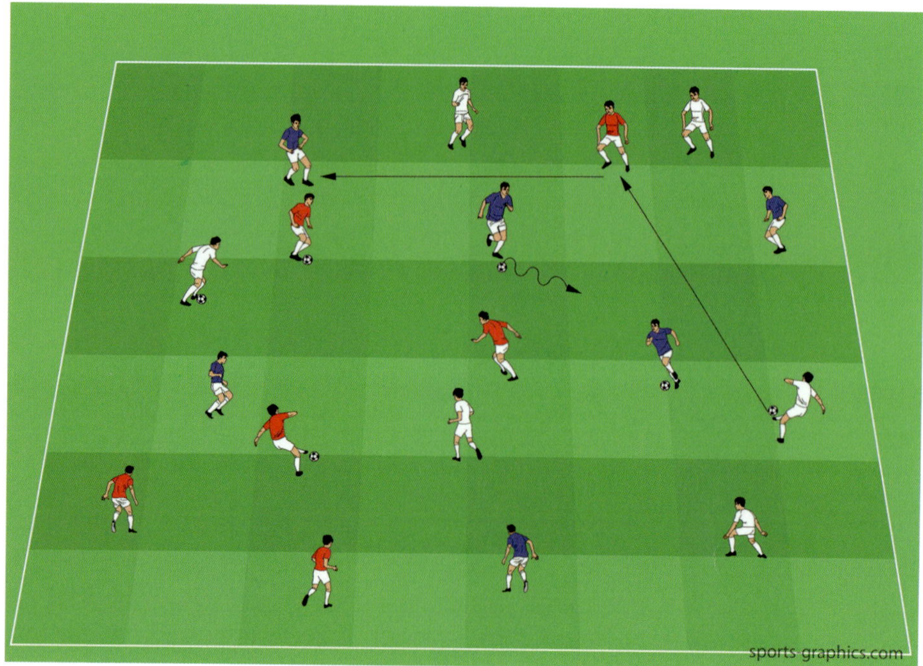

Jetzt wird nicht mehr innerhalb der eigenen Farbe gespielt, sondern in einer festgelegten Reihenfolge. Aufgrund der drei Gruppen gibt es nur eine bestimmte Anzahl von Kombinationen. Die sollten alle durchgeführt werden.

Beispiel: Rot zu Gelb zu Blau (wieder zu Rot . . .).

Steigerung zur ersten Aufgabe:
Um den Druck etwas zu erhöhen und um zu schauen, wie gut das Zusammenspiel schon funktioniert, können Sie einen kleinen Wettkampf daraus machen. Wer hat als erste Gruppe (Farbe) fünf Pässe innerhalb der Gruppe gespielt? Jede Gruppe zählt laut.

Coachinghinweise und Feedback:
Da diese Aufgabe das Wahrnehmen und Beobachten des gesamten Feldes erfordert und gleichzeitig alle beteiligt sind, wird es etwas Zeit in Anspruch nehmen, bis es „läuft". Mögliche Tipps sollten den Druck reduzieren:

Vo: „Nimm so viele Kontakte, bis du dich wohlfühlst, bevor du den Ball abspielst!"
Vo: „Achte auf die Reihenfolge und versuche, dich so zu bewegen, dass du immer anspielbar bist."

GF: „Bist du besser neben, vor oder hinter deinem Gegenspieler?"
OF: „Was musst du tun, um anspielbar zu sein?"
Im „Kopf hoch!"
Im: „Deckungsschatten raus!"

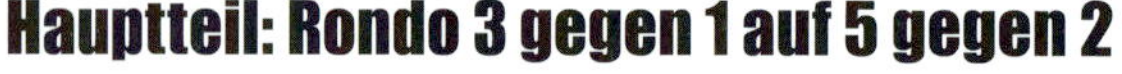

Hauptteil: Rondo 3 gegen 1 auf 5 gegen 2

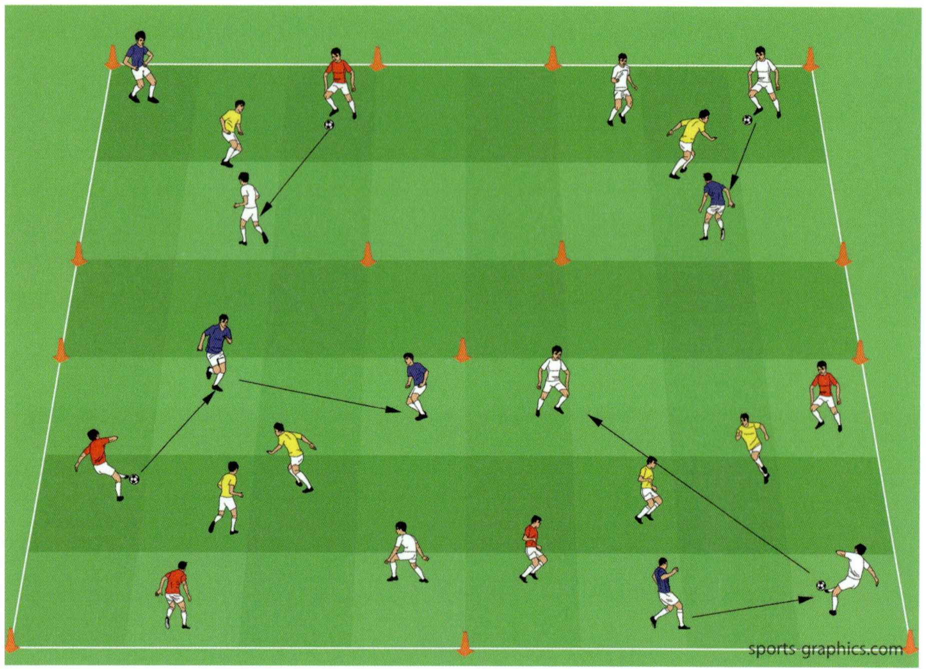

Organisation:
Die Schüler sollen sich in Vierergruppen zusammenfinden (fünf sind auch okay, sofern eine ungerade Anzahl von Schülern vorhanden ist). Sie können vorher für jede Gruppe ein Feld in der Größe von 7 x 7 bis 10 x 10 Meter markieren.

Aber das Spiel funktioniert auch ohne Markierung, sofern Markierungen nicht möglich sind oder sonstige Gründe dagegen sprechen. Dann ist lediglich darauf zu achten, dass die Gruppe relativ eng zusammenbleibt.

Ablauf und Variationen:
Die Vierergruppen spielen jeweils 3 gegen 1. Der Spieler in der Mitte versucht, an den Ball zu kommen. Die drei äußeren Spieler passen sich den Ball so zu, dass der Spieler in der Mitte keine Chance hat, an den Ball zu kommen.

Je weiter die Spieler auseinanderstehen, desto schwieriger ist es für den Spieler in der Mitte. Daher bitte darauf achten, dass eine Größe von 7 x 7 Meter im Optimalfall eingehalten wird.

Teil 2 besteht aus dem 5 gegen 2 (oder 6 gegen 2). Das Feld wird auf 10 x 10 Meter erweitert und zwei Spieler befinden sich in der Mitte. Wichtig ist es bei beiden Formen, zu Beginn ohne Kontaktbeschränkung zu spielen. Kontaktbeschränkungen führen zu unnötig hohem Stress.

Außerdem lernen die Kinder, so viele Kontakte wie nötig zu nutzen, ohne es zu übertreiben. Bei beiden Varianten können sich die Spieler in der Mitte ein gelbes Leibchen umhängen, um klarer zu signalisieren, wer in der Mitte ist.

Wechselmöglichkeiten:
Eins-zu-eins-Tausch: Wer den Fehler macht, tauscht mit dem, der den Ball gewonnen hat.

Länger drin: Es geht immer derjenige aus der Mitte, der am längsten drin ist. Somit bleibt nicht ein Spieler übermäßig lange im Feld.

Coachinghinweise und Feedback:
Vo: „Nutze so viele Kontakte wie nötig!" „Aber mindestens zwei!" (Stoppen, Passen).
Vo: „Bewege dich immer zum Ball, um anspielbar zu sein!"
GF: „Wie viele Kontakte sind am effektivsten?"
OF: „Worauf ist zu achten, wenn du den Ball schnell zum Mitspieler spielen willst?"
Im: „Zum Ball!" „Kontakte!"

Schluss: 5 gegen 5 auf richtige Tore

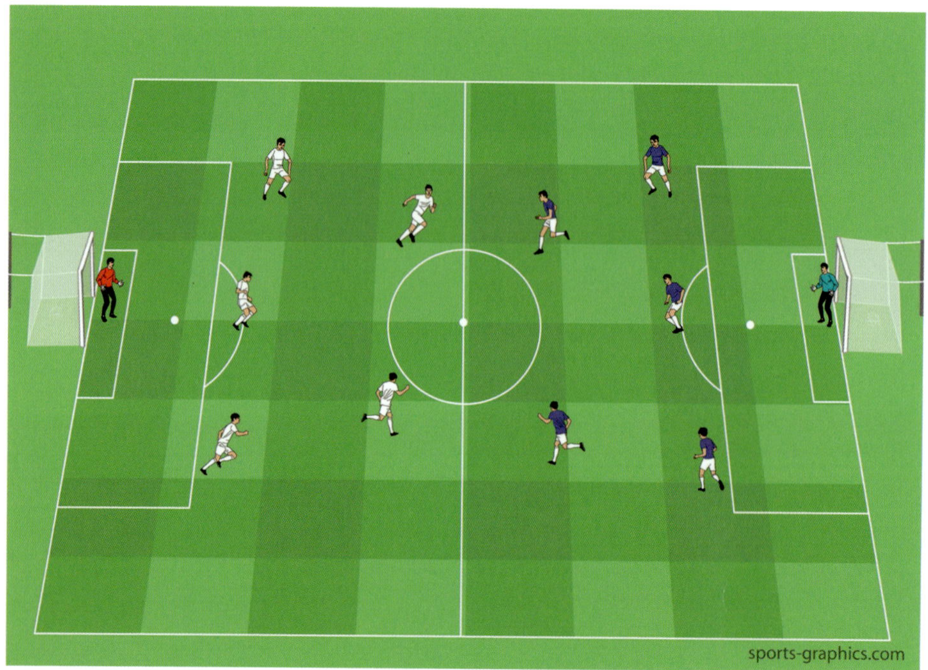

Organisation:
Teilen Sie die Halle so ein, dass ein Spiel 5 gegen 5 mit Torwart möglich ist. Wenn möglich, auch richtige Tore benutzen!

Ablauf und Variationen:
Um das Zusammenspiel zu verbessern, ist das einfache Spiel ohne Vorgaben am besten geeignet. Daher wird es keine zusätzlichen Regeln geben, lediglich das normale Regelwerk (vielleicht sogar auch das reduziert).

Coachinghinweise und Feedback:
Sich am besten ganz raushalten!

Um sich wirklich aus dem Spiel raushalten zu können, sollte man neben den Teams auch Schiedsrichter, Zeitnehmer und eventuell eine Turnierleitung (Ergebnisse aufschreiben) einteilen. Als Zeitnehmer und Turnierleitung eignen sich am besten Kinder, die nicht teilnehmen. Als Schiedsrichter empfiehlt es sich, aus jedem Team einen zu bestimmen.

Immer das Team, das Pause hat, stellt den Schiedsrichter. Achten Sie darauf, dass derjenige eventuell auch motiviert ist, einzugreifen und Spielerfahrung hat (Stichwort: die Besten einsetzen).

Bewährt hat sich folgende Regel: Unstimmigkeiten werden zuerst zwischen den Schiedsrichtern der jeweiligen Gruppen geklärt. Meistens reicht das aus, da alle spielen wollen!

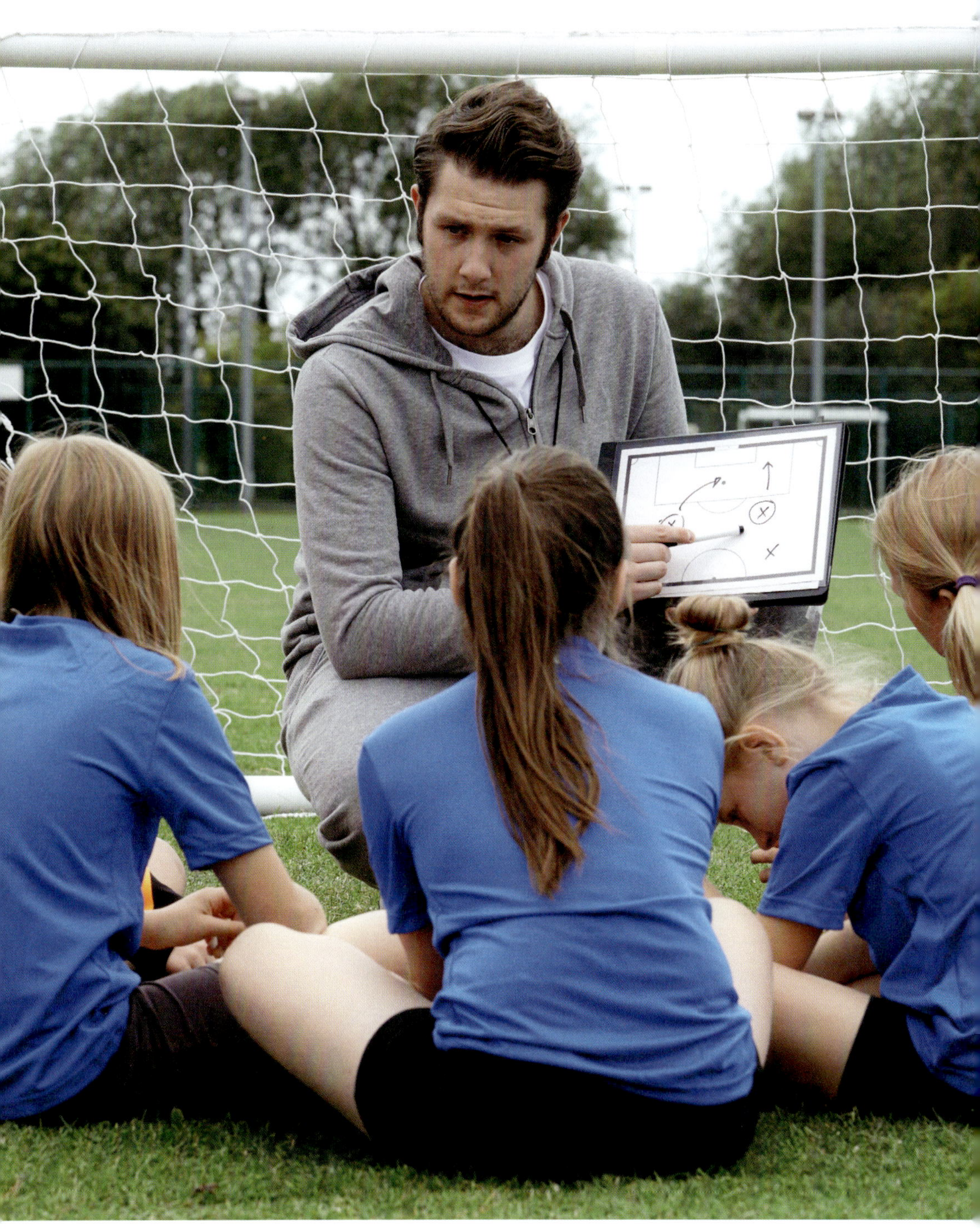

Verlaufsplan

Zeit	Unterrichtsphasen	Inhaltliche Schwerpunkte/ Maßnahmen	Sozial-/ Aktionsformen	Medien	Anmerkungen zum Lernprozess
0-10´	Begrüßung, Aufwärmen	Innerhalb der Gruppe soll der Ball zugepasst werden. Farben-/Zahlenreihenfolge Beide Varianten fördern das Zusammenspiel, die Verbesserung der eigenen Position zum Mitspieler und zum Ball.	Plenum Gruppenarbeit	Bälle, Hütchen, Leibchen	Durch diese Organisation lernen die Kinder alle nötigen Voraussetzungen, um zusammenzuspielen. Reihenfolge: Wahrnehmen, den Kopf heben und anschließendes Spielen mit ständig wechselnden Positionen.
10-13´	Problemorientierung	„Welche Probleme gab es? Wie habt ihr eurem Partner signalisiert, dass er den Ball bekommt?"	Plenum		
13-30´	Erarbeitungsphase im Stationsbetrieb	Teil 1: 3 gegen 1 Teil 2: 5 gegen 2	Gruppenarbeit	Bälle, Hütchen	
30-35´	Reflexion	„Was musstet ihr beachten?" „Wie habt ihr zum Mitspieler und zum Gegenspieler gestanden?" „Welcher Fuß war für welchen Pass geeignet?"	Plenum		
35-45´	Motivierender Abschluss Abschlussspiel	5 gegen 5 auf richtige Tore. Eventuell in Turnierform.	Gruppen	Bälle, Hütchen	

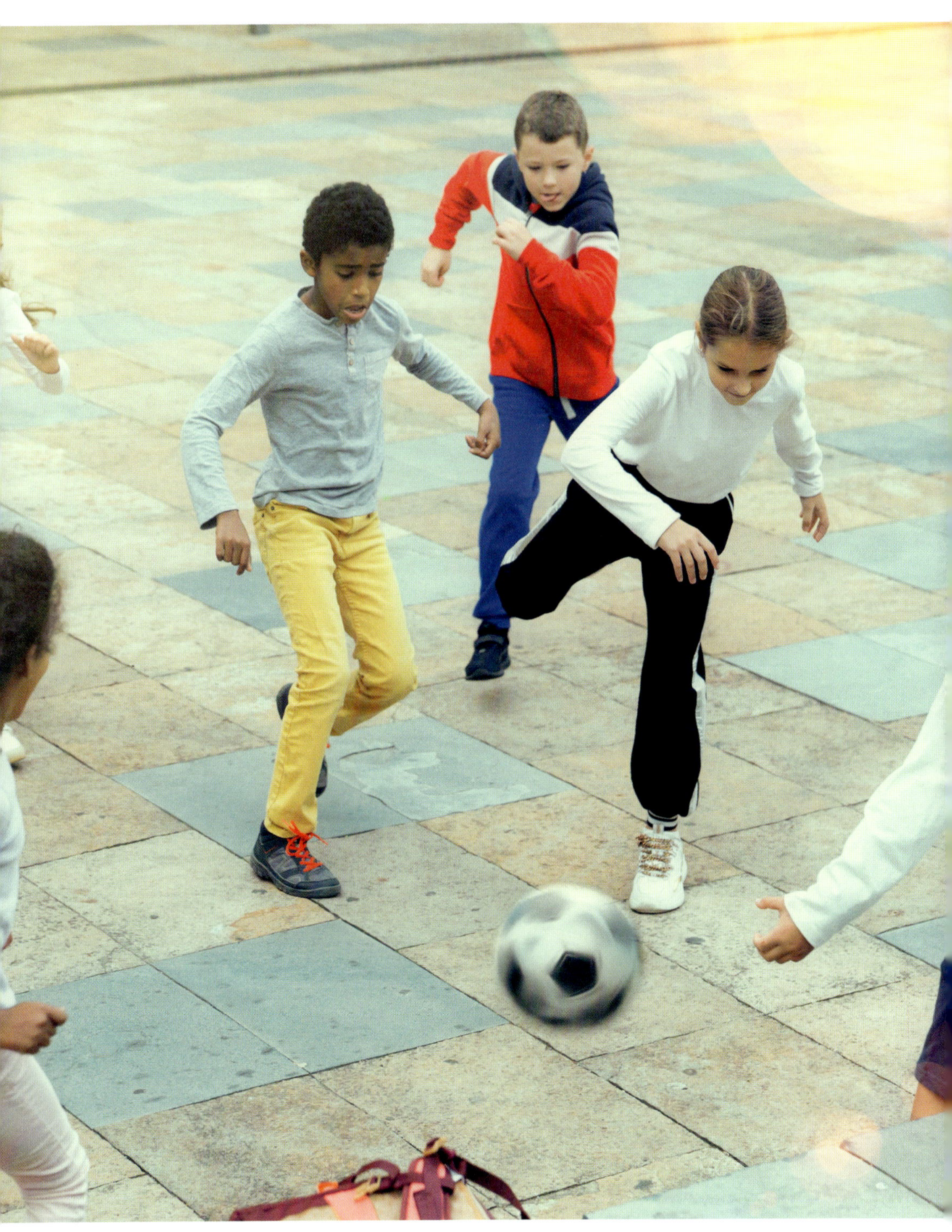

Stunde 4: Clever die Lücken ausnutzen

Aufwärmen: Durchbrechen

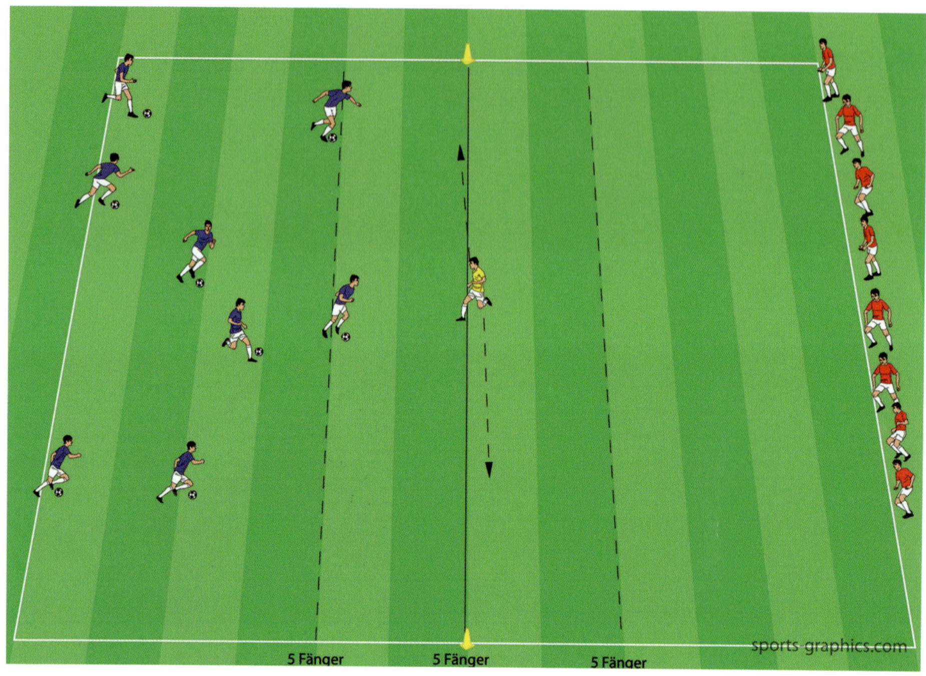

Organisation:

Teilen Sie die Gruppe in zwei gleich große Gruppen auf. Jedes Kind hat einen Ball. Die beiden Gruppen stehen jeweils am Ende der Halle. Auf der Mittellinie steht ein Wächter, der verhindern soll, dass alle auf die andere Seite dribbeln.

Ablauf und Variationen:

Gruppe 1 startet und versucht, am Wächter vorbeizukommen, ohne abgeschlagen zu werden. Alternativ kann auch der Ball weggeschossen werden. Ballverlust bedeutet „abgeschlagen". Diejenigen, die abgeschlagen werden, werden ebenfalls zu Wächtern und geben ihren Ball ab.

Dann startet Gruppe 2 von der anderen Seite. Es wird so lange gespielt, bis nur noch ein (oder wie viele auch immer) Spieler übrig ist. Sind mehr als 15 Spieler abgeschlagen worden, erweitern Sie um zwei Linien im Abstand von fünf Metern zur Mittellinie. Auf diese teilen sich die Fänger auf.

Coachinghinweise und Feedback:
Vo: „Beobachte die Bewegung deines Gegenspielers!"
GF: „Wo ergibt sich eine Lücke?"
OF: „Welche Situation ist eine Chance für dich?"
Im: „Nicht zögern! Entscheiden und durchziehen!"

Hauptteil: Ausbrechen und Überspielen

Übung 1: Ausbrechen

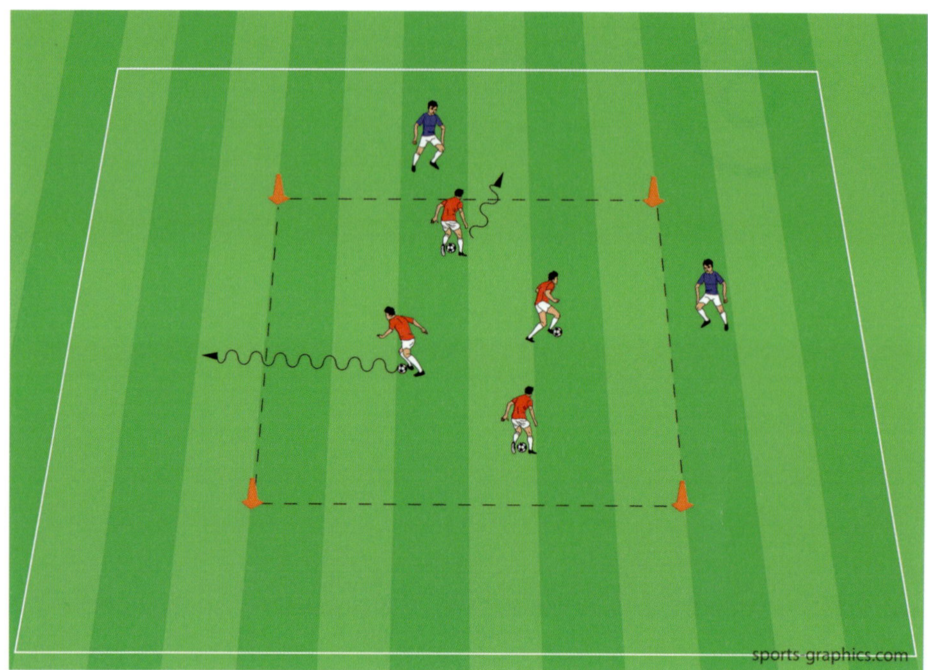

Organisation:
In einem 10 x 10 Meter großen Feld befinden sich 3-4 Spieler mit Ball. Außerhalb des Feldes bewegen sich zwei (später drei) Wächter, die einen Ausbruch durch eine der Seiten verhindern sollen. Je nach Hallengröße soll die Anzahl der Felder bestimmt werden. Gegebenenfalls die Gruppengröße erhöhen.

Ablauf und Variationen:
Die Wächter dürfen alle Seiten einzeln besetzen, aber nicht zusammen eine Seite. Außerdem dürfen sie sich nur auf der Linie zwischen den Hütchen hin- und herbewegen, wenn sie sich für ein Tor entschieden haben. Die Spieler in der Mitte dribbeln den Ball und versuchen, so oft wie möglich, „auszubrechen" und nicht den Ball abgenommen zu bekommen. Hat ein Spieler drei Punkte erreicht, wechselt er mit einem Wächter die Aufgabe.

Coachinghinweise und Feedback:
Idealerweise lassen Sie den Ausbruchsversuch mit einem Pfiff beginnen. Ansonsten besteht die Gefahr, dass das Spiel dahinplätschert, ohne dass Aktionen stattfinden. Nebenbei lässt sich so auch gut die Zeit kontrollieren und sicherstellen, dass es viele Ballaktionen gibt.

Übung 2: Überspielen

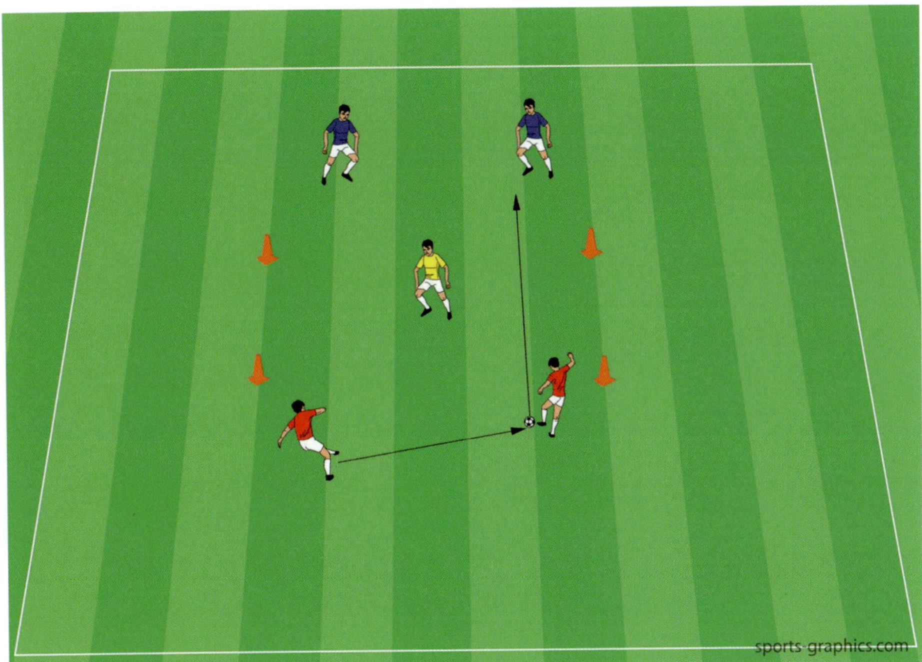

Organisation:
Bilden Sie mit vier Hütchen einen circa 5-7 Meter langen Schlauch, der circa 1,5-2 Meter breit ist. Innerhalb dieses Feldes befindet sich ein Spieler. Außerhalb jeweils zwei Spieler pro Seite. Hierbei gilt das Gleiche wie bei Übung 1 für die ganze Halle.

Ablauf und Variationen:
Auf einer Seite spielen sich die beiden Spieler den Ball so lange zu, bis sie eine Möglichkeit sehen, den Ball durch die Mitte zu den anderen beiden zu spielen usw.

Ein erfolgreicher Pass gibt einen Punkt. Aufgabenwechsel nach spätestens drei Punkten.

Tipp: Der Spieler, der die meisten Punkte erzielt hat, geht als Nächstes in die Mitte.

Wenn das Spiel mal funktioniert, ist auch ein Dribbling durch die Mitte möglich. Dann muss allerdings von der Gegenseite ein Spieler rüberwechseln.

Coachinghinweise und Feedback:
Reduzieren Sie die Kontakte der Außenspieler auf 2-3 (Stoppen, Passen). Erfahrungsgemäß hilft das, die Dynamik des Spiels zu erhalten. Ansonsten wird gewartet und gewartet . . .

Es hilft den Kindern, aktiv zu werden und nicht in Passivität zu verfallen. Sollte das Spiel gut funktionieren, kann man die Stationen auch begrenzen. Vergleichbar mit dem Volleyball: Der dritte Pass muss rüber!

Schluss

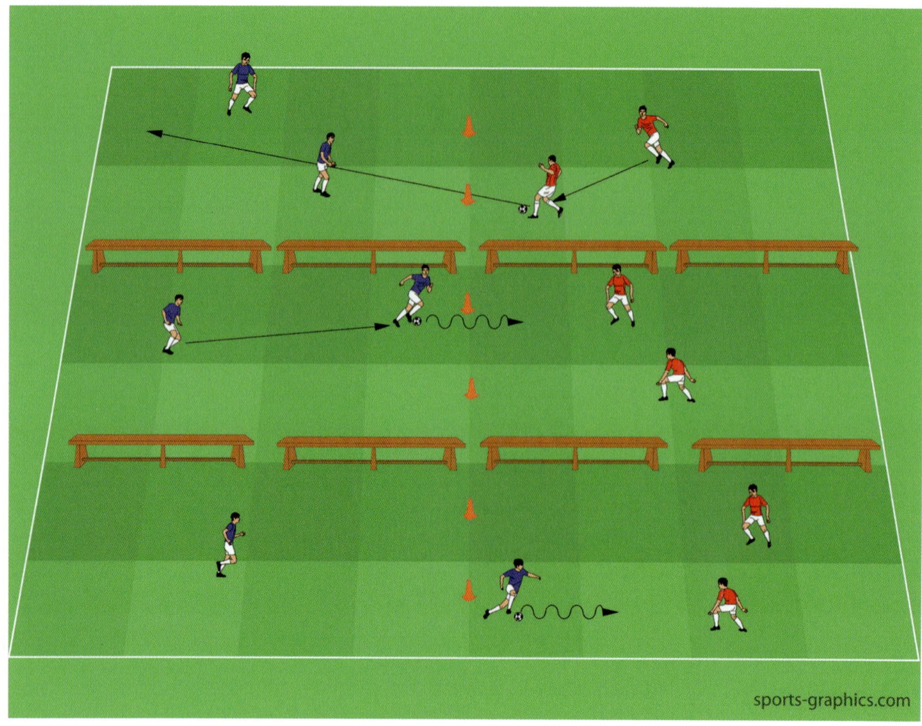

Organisation:
Teilen Sie die Halle durch Bänke in drei gleich große Felder ein. Innerhalb jedes Feldes markieren Sie mit zwei Hütchen eine Mittellinie. In jeder Feldhälfte befinden sich zwei Spieler. Pro Feld mehrere Teams einteilen. Eventuell einen Turniermodus organisieren.

Ablauf und Variationen:
Die Aufgabe besteht darin, die Wand hinter den beiden Spielern per Pass zu treffen, dazu müssen diese beiden „überspielt" werden oder durch ein Dribbling durchbrechen und den Ball vor der Wand ablegen. Wichtig ist dabei, dass beide Teams auf ihrer Seite bleiben und nur das Dribbling macht es möglich, die gegnerische Hälfte zu betreten. Der Teamwechsel kann selbstständig erfolgen (anderer Gegner).

Coachinghinweise und Feedback:
Vo: „Beobachte die Bewegungen deines Gegenspielers."
GF: „Entscheidest du dich eher für ein Dribbling oder einen Pass?"
OF: „Wann ist welche Option sinnvoll?"
Im: „Nicht zögern!" „Dribblingmut!"

Achten Sie darauf, dass sich kein Spieler direkt hinter der Linie oder vor dem Tor dauerhaft aufhält. Dazu eventuell noch weitere Zonen festlegen (Vergleich Kreis beim Handball).

Verlaufsplan

Zeit	Unterrichtsphasen	Inhaltliche Schwerpunkte/ Maßnahmen	Sozial-/ Aktionsformen	Medien	Anmerkungen zum Lernprozess
0-10´	Begrüßung, Aufwärmen	Die Spieler versuchen, über die Mittellinie an den Wächtern vorbeizukommen, ohne abgeschlagen zu werden bzw. den Ball zu verlieren. Erweiterung um zwei Linien.	Plenum Gesamte Klasse	Bälle, Hütchen	Das Erkennen von Lücken steht hier im Vordergrund. Das Reagieren auf das Verhalten des Wächters ebenfalls.
10-13´	Problemorientierung	„Woran habt ihr erkannt, dass ihr durchkommen könnt?"	Plenum		
13-30´	Erarbeitungsphase im Stationsbetrieb	Aufgabe 1: Die Spieler in der Mitte versuchen, durch ein freies Tor durchzubrechen. Alternativ kann natürlich am besetzten Tor der Wächter ausgespielt werden. Aufgabe 2: Die Schüler versuchen zunächst, durch geschicktes Passspiel eine Lücke zu nutzen, um auf die andere Seite zu spielen. Später können sie auch dribbeln.	Gruppenarbeit	Bälle, Hütchen,	Hierbei steht wiederum das Erkennen von Lücken und Freiräumen im Vordergrund. Je besser es klappt, desto mehr können die Kinder zwischen Passen und Dribbeln wählen. So nähern wir uns immer mehr der Entscheidungsfindung im normalen Spiel.
30-35´	Reflexion	„Was musstet ihr beachten? Welcher Moment war günstig? Woran habt ihr diesen erkannt?"	Plenum		
35-45´	Motivierender Abschluss Abschlussspiel	Im Kleinspielfeld kann ein Tor erzielt werden, indem ein Pass aus der eigenen Hälfte an die Wand gespielt wird. Alternativ kann ein Dribbling durch die gegnerische Hälfte erfolgen.	Gruppen	Bälle, Hütchen	Das Umsetzen in eine Wettkampfform mit Einschränkungen forciert die Entscheidungsfindung nochmals. Lücken entdecken unter Druck ist hier das Thema.

Stunde 5: Entwischt – Gegnerbehinderung umgehen

Aufwärmen: Mit dem Pass den Mitspieler retten!

(vgl. Training Nationalmannschaft)

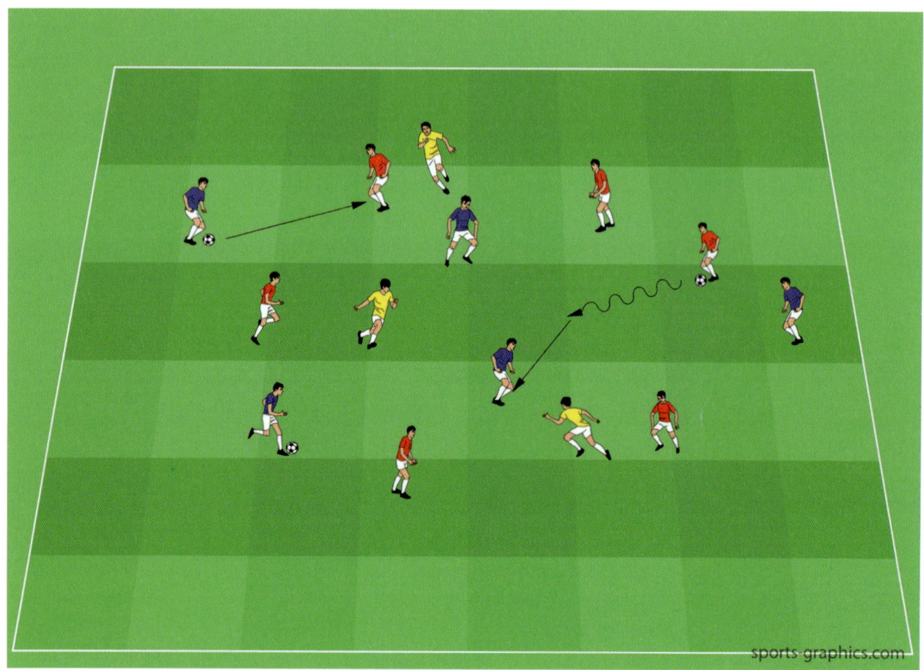

Organisation:

Teilen Sie entsprechen der Gesamtgruppe 3-4 Fänger ein. Diese hängen sich ein Leibchen um oder halten ein Leibchen als Markierung in der Hand. Je nach Gruppengröße sind 5-10 Bälle im Spiel (30:3 = Anzahl der Bälle, Anzahl der Bälle durch 3 = Anzahl der Fänger).

Ablauf und Variationen:

Die Fänger versuchen, die anderen umherlaufenden Spieler abzuschlagen. Wer einen Ball am Fuß hat, darf nicht abgeschlagen werden. Jeder kann einen bedrohten Mitspieler retten, indem er ihm den Ball zupasst, bevor der Fänger ihn erreicht. Der Abgeschlagene wird zum Fänger. Sollte das Spiel zu schwierig sein, einfach mit einen Fangspiel ohne Ball beginnen.

Coachinghinweise und Feedback:
Die Anzahl der Fänger erschwert oder erleichtert das Spiel. Zu Beginn eher weniger Fänger einsetzen. Die Anzahl der Bälle sollte so gewählt werden, dass die Kinder sich noch bewegen, aber genug Möglichkeiten haben, um gerettet zu werden. Hier ist Ausprobieren gefragt!

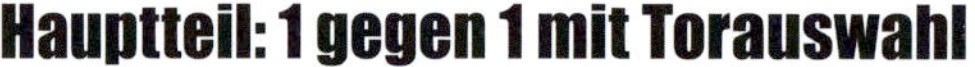

Hauptteil: 1 gegen 1 mit Torauswahl

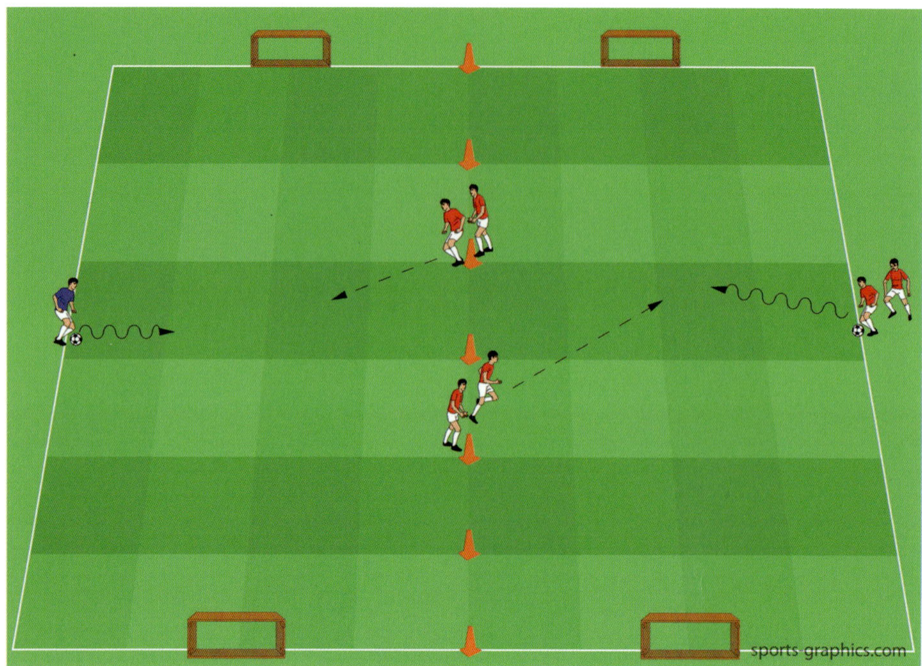

Organisation:

Teilen Sie das Feld in mehrere kleinere Felder ein. Jedes Feld hat an beiden Enden ein Tor (Kastenteil, . . .). Die Spieler stehen, in zwei Gruppen eingeteilt, in der Mitte des Feldes bereit. Die Abbildung zeigt eine geteilte Halle.

Ablauf und Variationen:

Spieler A startet mit dem Ball ins Feld. Gleichzeitig startet B ohne Ball als Verteidiger. A versucht, auf eines der beiden seitlichen Tore anzugreifen und ein Tor zu erzielen. B versucht, das zu verhindern. Gewinnt er den Ball, darf er auf das andere Tor angreifen. Danach ist der Durchgang beendet. Jeder gegen jeden in wechselnder Reihenfolge. Die Punkte werden gezählt. Am Ende aus jedem Feld den besten Punktesammler erfragen.

Coachinghinweise und Feedback:

Sollte das seitliche Starten nicht funktionieren und die Kinder direkt ins leere Tor laufen, dann verlegen Sie den Startpunkt neben die beiden Tore. Dann ist zwar die Richtung schon vorgegeben, aber es finden definitiv Zweikampfsituationen statt. Da eine solche Form sehr viel Aufforderungscharakter für Wettkämpfer hat, lässt sich daraus ein alternativer Schlussabschnitt formulieren:

Nach einer bestimmten Zeit werden die Punkte abgefragt. Die beiden Besten wechseln in das Feld nach rechts, die beiden anderen in das Feld nach links. Im letzten Feld bleiben die übrigen Spieler dann jeweils stehen. Wenn es beispielsweise vier Felder gibt, werden vier Durchgänge gespielt. Die am Ende ganz rechts stehen, sind die Gewinner. In Stunde 7 wird diese Turnierform nochmals genauer erklärt.

Schluss: Bälle wegschießen

(Vorbild für die Übung auf kinderfussball.org)

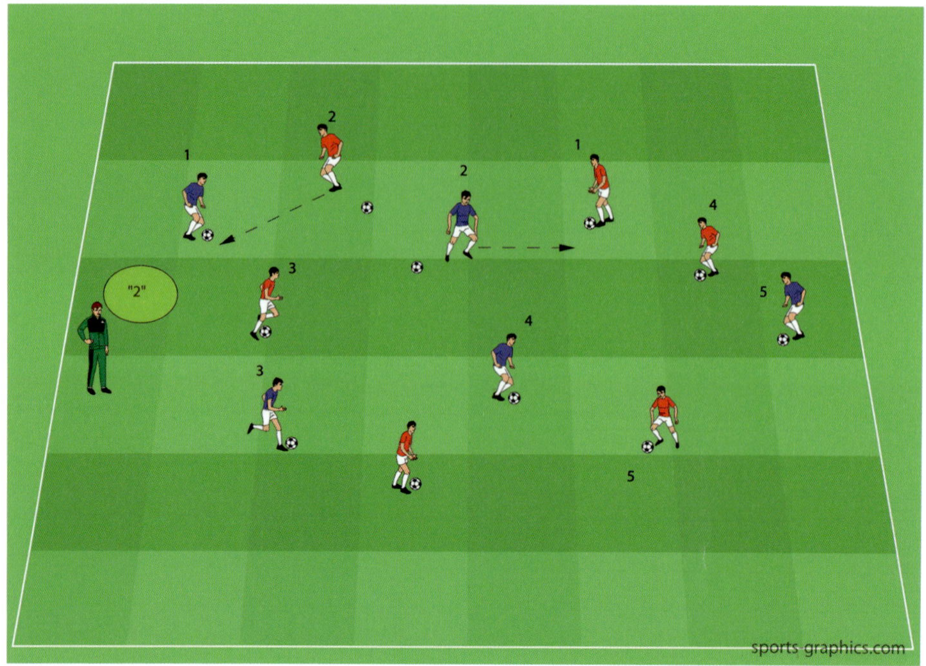

Organisation:

Teilen Sie die Halle in zwei Hälften mit jeweils zwei Teams in farblich markierten Leibchen ein. Jeder im Team bekommt eine Nummer, eine Farbe oder einen Buchstaben zugeordnet. Jeder Spieler hat einen Ball am Fuß.

Ablauf und Variationen:

Auf Zuruf (Farbe, Zahl oder Buchstabe) lassen die jeweiligen Spieler ihren Ball liegen und versuchen, innerhalb der nächsten 10 Sekunden die Bälle der gegnerischen Mannschaft aus dem Feld zu schießen (bzw. vom Fuß weg). Die Anzahl der Bälle wird gezählt. Insgesamt werden drei Durchgänge gespielt. Je nach Anzahl der Gruppen ist auch ein Turniermodus möglich.

Alternativ vier Felder aufbauen und „über Kreuz" gegeneinanderspielen. Anstelle der Zeitvorgabe dann unter dem Aspekt „Wer ist am schnellsten?" spielen.

Coachinghinweise und Feedback:

Achten Sie darauf, dass keine Bälle mehr nach Ablauf der Zeit mitgezählt werden! Es darf nicht gestochert werden, sondern der Ball muss klar weggespitzelt werden.

Verlaufsplan

Zeit	Unterrichts-phasen	Inhaltliche Schwerpunkte/ Maßnahmen	Sozial-/ Aktions-formen	Medien	Anmerkungen zum Lernprozess
0-10´	Begrüßung, Aufwärmen	Die eingeteilten Fänger versuchen, die anderen Spieler abzuschlagen. Wer einen Ball am Fuß hat, ist gerettet und kann durch einen Pass jemand anderem helfen.	Plenum, Gesamte Klasse	Bälle, Hütchen Leibchen	Ein Spiel, das sehr viel Spaß macht und dazu noch sehr anspruchsvoll ist, da gerade das Passen hier sehr knifflig sein kann.
10-13´	Problemorientierung	„Welche Probleme gab es? Wie habt ihr eurem Partner signalisiert, dass er den Ball bekommt bzw. wie habt ihr den Ball gefordert?"	Plenum		
13-30´	Erarbeitungsphase im Stationsbetrieb	Die Spieler starten von der Seite in Gegenüberstellung ins Feld. Der Ballbesitzer versucht, ein Tor zu erzielen. Der Verteidiger verhindert dies.	Gruppenarbeit	Bälle, Hütchen, Bänke	Hier steht das 1 gegen 1 im Vordergrund. Unter dem Aspekt, sich vom Gegner zu befreien, ermöglicht der seitliche Start eine Erleichterung zum Torerzielen.
30-35´	Reflexion	„Wie habt ihr entschieden, wohin ihr dribbelt?" „Habt ihr den Gegner beachtet und entschieden oder seid ihr aktiv in eine Richtung gedribbelt?"	Plenum		
35-45´	Motivierender Abschluss Abschlussspiel	Alle Spieler werden durch Zahlen, Buchstaben etc. markiert. Auf Zuruf versuchen bestimmte Spieler, die Bälle der anderen wegzuschießen. Die Punkte zählen.	Gesamte Klasse	Bälle, Hütchen	Hierbei kommt es darauf an, Angreifer aus allen Richtungen wahrzunehmen und den eigenen Ball zu verteidigen.

Stunde 6: Überzahl herausspielen und nutzen

Aufwärmen

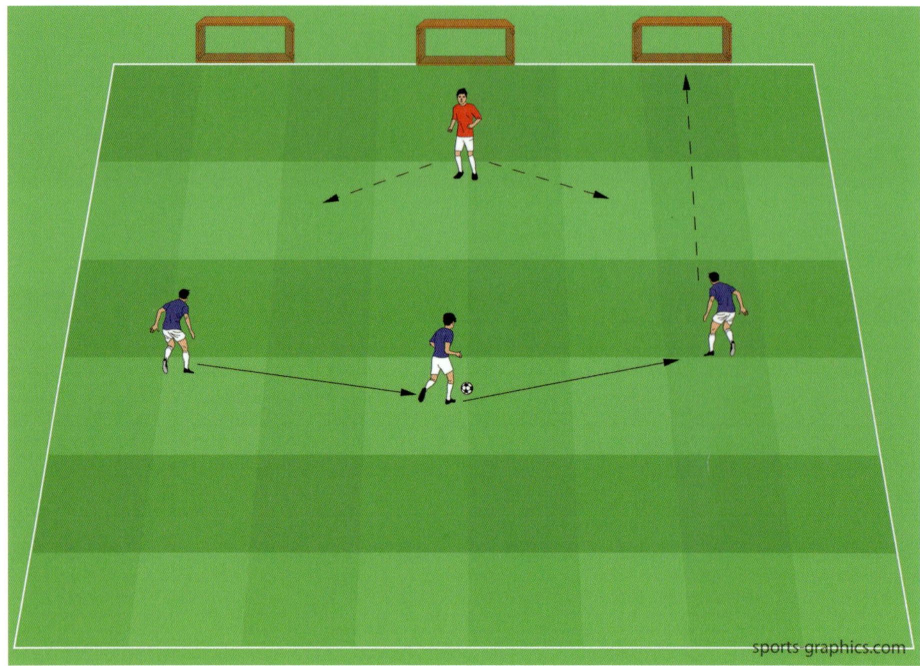

Organisation:
In einer Hallenhälfte befinden sich am Ende drei Tore. Teilen Sie die Klasse in Viererteams auf. Drei Spieler befinden sich an der Mittellinie, ein Verteidiger ist im Feld. Dieses Viererteam rotiert nach jedem Durchgang, sodass der Verteidiger immer wechselt.

Ablauf und Variationen:
An der Mittellinie beginnt das Dreierteam, mit dem Ball anzugreifen. Ein Verteidiger versucht, durch geschicktes Verschieben die Torerzielung zu verhindern bzw. zu erschweren. Die Angreifer versuchen, durch Anbieten und Freilaufen gute Passmöglichkeiten zu schaffen, damit ein Spieler den Ball ungehindert ins Tor schießen kann. Alternativ kann auch gedribbelt werden. Das hängt von der Lösung der Spieler ab.

Gewinnt der Abwehrspieler den Ball und kann ihn kontrollieren (z. B. stoppen), ist der Durchgang vorbei. Für etwas stärkere Spieler kann man dem Abwehrspieler auch eine Dribbellinie, die er nach Ballgewinn überlaufen darf, als Kontermöglichkeit anbieten.

Coachinghinweise und Feedback:
Achten Sie darauf, dass die Angreifer versuchen, zügig – aber nicht hektisch – zum Torerfolg zu kommen. Wie auch in anderen Formen ist das Vertrauen der Kinder in die eigenen Kompetenzen noch sehr gering, sodass fast immer die „sichere" Lösung – also der Pass zum Partner – gesucht wird.

Vo: „Pass zum freien Mitspieler!"
GF: „Welchen deiner Mitspieler spielst du an?"
OF: „Macht es Sinn, den Ball dem mittleren Spieler zu geben?"
Im: „Nutze den freien Raum!" (Motivation zum Dribbling, wenn ein Tor frei sein sollte, abspielen kann man immer noch.)

Hauptteil

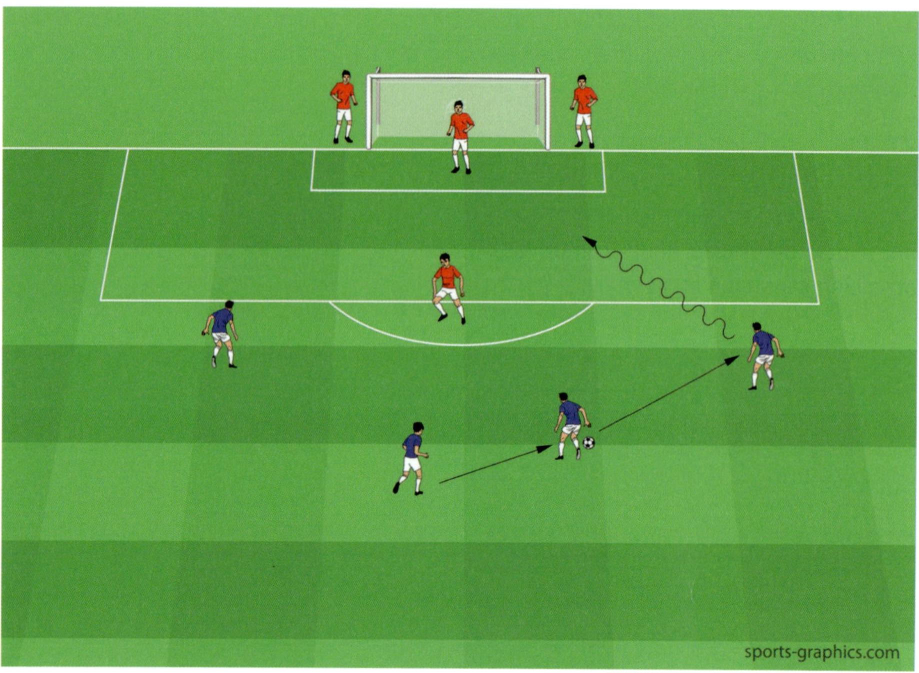

Organisation:
Die Hallenaufteilung in ein großes Feld ändern. Die drei kleinen Tore durch ein großes Tor ersetzen. Die Viererteams vom Aufwärmen können weiterhin zusammenbleiben.

Ablauf und Variationen:
Ein Viererteam ist im Angriff und startet hinter der Mittellinie. Das verteidigende Team teilt sich auf. Ein Verteidiger steht im Feld, ein Torwart und zwei Spieler neben dem Tor, die Pause haben.

Die angreifende Mannschaft spielt im Feld 4 gegen 1 und versucht, durch geschicktes Verhalten ein Tor zu erzielen. Gewinnt die Verteidigung den Ball, darf sie ihrerseits angreifen. Das andere Team lässt sich zurückfallen und besetzt die Positionen in der Defensive (TW, Verteidiger, zwei neben dem Pfosten).

Der Wechsel erfolgt nach einer erfolgreichen Aktion bzw. wenn es angebracht ist, sodass jedes Team entsprechende Einsatzzeiten in Angriff und Abwehr hat. Wird das Spiel besser, wird einer der beiden pausierenden Spieler zum zweiten Verteidiger. Innerhalb eines Teams sollen die Spieler die Positionen abwechselnd einnehmen.

Coachinghinweise und Feedback:
Da der Ablauf schon recht komplex ist, ist Geduld und wahrscheinlich viel Coaching notwendig, im Sinne von Ablaufunterstützung. Perspektivisch kann mit dieser Form sowohl der technische Aspekt betont werden als auch kleinere gruppentaktische und individualtaktische Verhaltensweisen, wie das Zusammenspiel, Überzahl schaffen usw., geschult werden.

Schluss

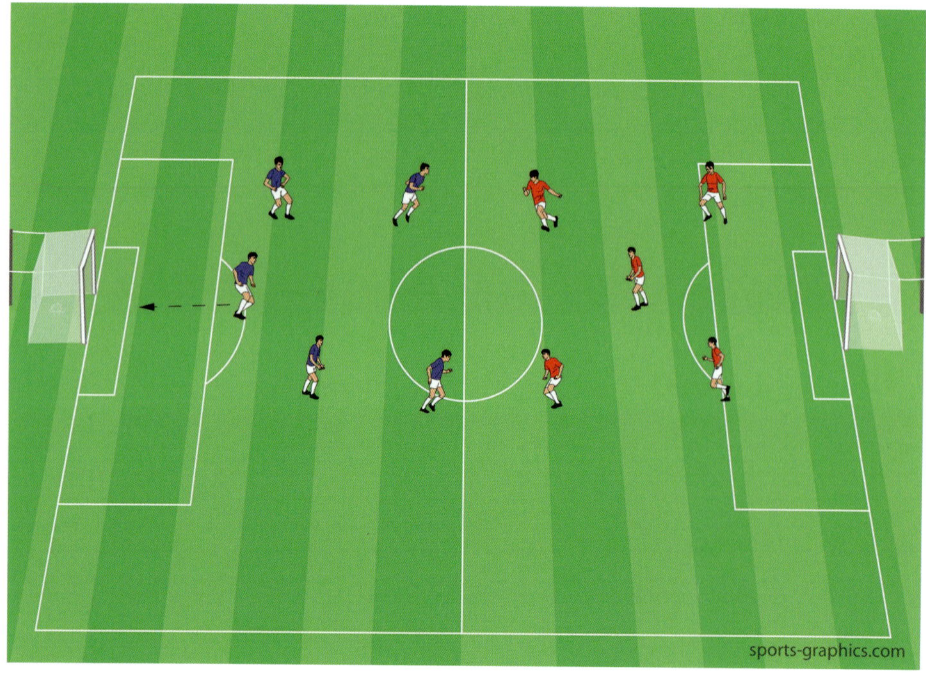

Organisation:
Behalten Sie das Feld aus dem Hauptteil bei. Je nach Hallengröße können auch die Teams beibehalten werden. Steht etwas mehr Platz zur Verfügung, auf 5 gegen 5 erhöhen.

Ablauf und Variationen:
Die Teams spielen 5 gegen 5 im freien Spiel auf zwei Tore ohne festen Torwart. Wie auf dem Bolzplatz ist der „letzte Mann" Torwart und darf auch den Ball mit der Hand spielen. Hierzu einen Strafraum festlegen, wenn dieser nicht eingezeichnet ist.

Coachinghinweise und Feedback:
Die Kinder lernen so, sich im Feld zu organisieren und positionsabhängig Aufgaben zu übernehmen. Hinzu kommt die Tatsache, dass durch einen „letzten Mann" als Torwart eine theoretische Unterzahl entsteht und somit das Thema der Stunde in einer dem Wettspiel sehr ähnlichen Form abgerundet werden kann.

Das Coaching sollte sich hier hauptsächlich auf die Kommunikation des Teams untereinander beziehen. Wer gibt welche Anweisung/Hinweise?

Abstimmungsprobleme, die dann zu Toren oder Fehlern führen, können hinsichtlich der Kommunikation eingefroren und besprochen werden. Allerdings hierbei gilt wieder: Weniger ist mehr! Nicht den Spielfluss kaputt korrigieren!

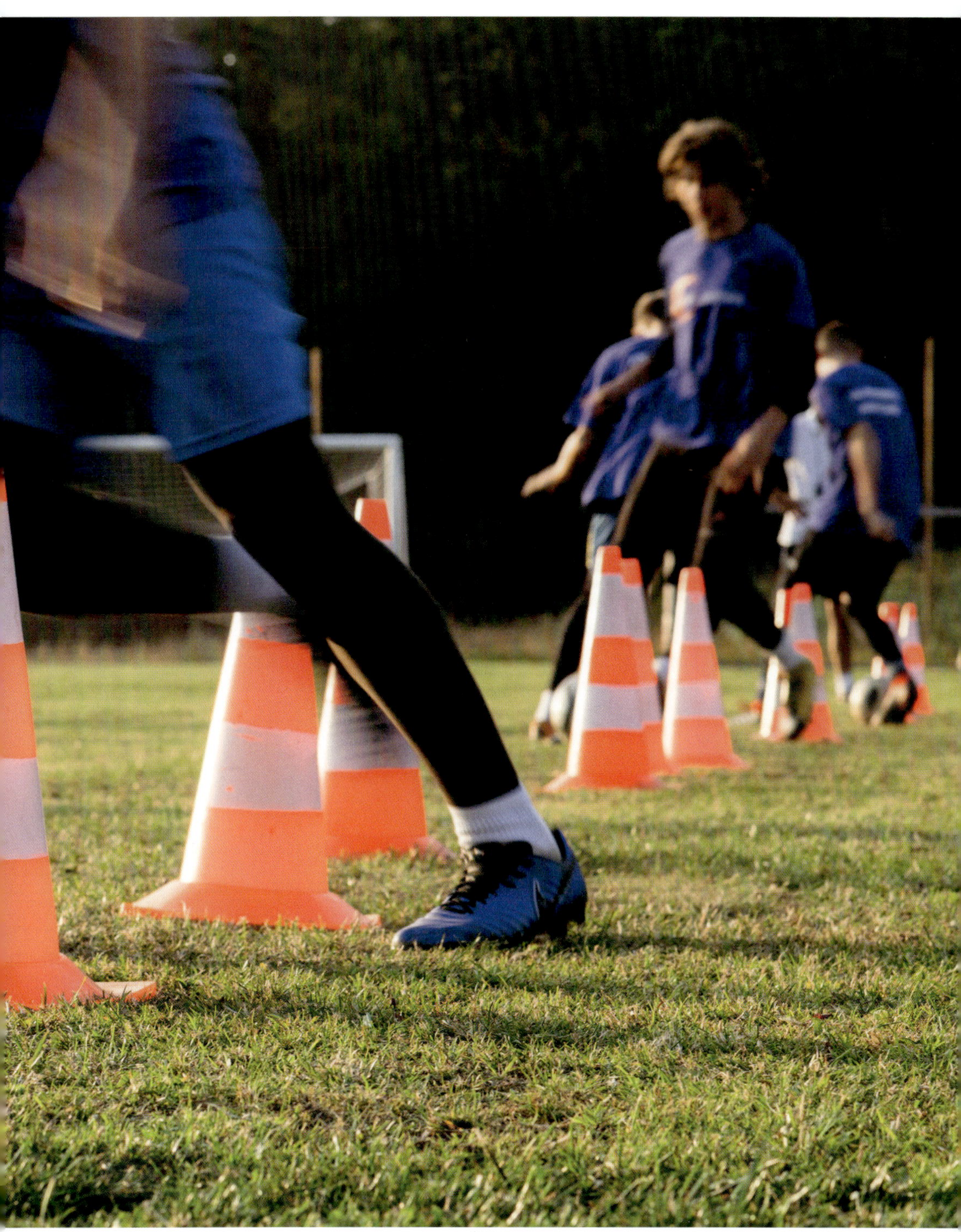

Verlaufsplan

Zeit	Unterrichts-phasen	Inhaltliche Schwerpunkte/ Maßnahmen	Sozial-/ Aktions-formen	Medien	Anmerkungen zum Lernprozess
0-10´	Begrüßung, Aufwärmen	Die Spieler sollen versuchen, durch geschicktes Bewegen und Passen eine klare Torschussmöglichkeit zu erspielen. Zunächst mit klarer Überzahl starten, nach und nach die Unterzahl verringern.	Plenum Gruppenarbeit	Bälle, Hütchen, Tore	Durch die vermeintlich klare Überzahl sollen die Kinder erkennen, wie man durch gutes Zusammenspiel ohne große Mühe und Zweikämpfe ein Tor erzielen kann. Bei Erhöhung der Anzahl an Gegenspielern den Fokus noch mehr auf das Freilaufverhalten legen.
10-13´	Problem-orientierung	„Welche Räume habt ihr besetzt? Und warum?"	Plenum		
13-30´	Erarbeitungs-phase im Stationsbetrieb	Im Spiel 4 gegen 4 wird tatsächlich nur 4 gegen 2 gespielt. Ein Gegenspieler ist im Tor, ein weiterer Abwehrspieler und zwei andere pausieren. Durchwechseln.	Gruppenarbeit	Bälle, Hütchen, Tor	Die Erweiterung des Aufwärmens auf richtige Tore ermöglicht die spielnahe Umsetzung des Inhalts „Überzahl herausspielen". Die Aufgaben des verteidigenden Teams könnten bei schlechter Absprache etwas Chaos produzieren. Geduld!
30-35´	Reflexion	„Was musstet ihr beachten? Welche Durchführung war an welcher Station am erfolgreichsten?"	Plenum		

Zeit	Unterrichts-phasen	Inhaltliche Schwerpunkte/ Maßnahmen	Sozial-/ Aktions-formen	Medien	Anmerkungen zum Lernprozess
35-45´	Motivierender Abschluss Abschluss-spiel	Die Teams spielen 5 gegen 5 im freien Spiel auf zwei Tore ohne festen Torwart. Wie auf dem Bolzplatz ist der „letzte Mann" Torwart und darf auch den Ball mit der Hand im fest-gelegten Strafraum spielen. Turniermodus.	Gruppen	Bälle, Hütchen, Tore, Leibchen	Die Umsetzung im echten Wettspiel mit minimaler Über-zahl/Unterzahl durch den flie-genden Torwart ist die letzte Steigerung, bevor es dann in ein Gleich-zahlspiel geht.

Stunde 7: Gewinnen lernen – Turnier mit Auf- und Abstieg

Aufwärmen

Organisation:
Teil 1: Jedes Kind hat einen Ball bzw. kann mit einem Partner zusammen einen Ball besetzen. Fünf Minuten lang dürfen die Kinder sich selbstständig mit Übungen mit oder ohne Ball aufwärmen.

Teil 2: Selbstständig einen Inhalt festlegen (z. B. eine Übung zum Passen oder Dribbeln).

Ablauf und Variationen:
Abhängig vom Inhalt, siehe vorherige Stunden.

Coachinghinweise und Feedback:
Abhängig vom Inhalt, siehe vorherige Stunden.

Hauptteil/Schluss: Turnier

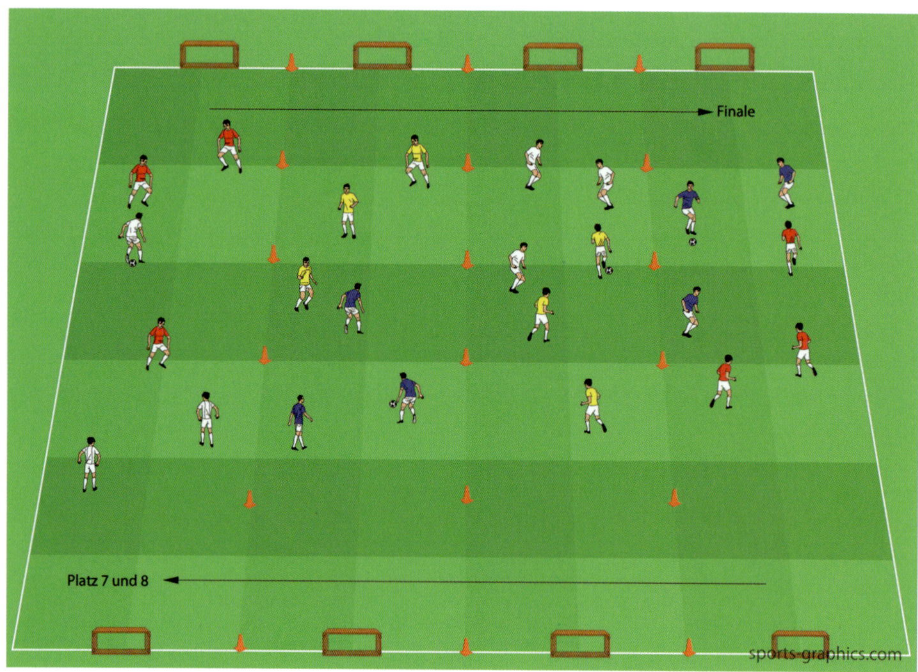

Organisation:
Teilen Sie gleich große Felder mit je zwei Toren ein. Jedes Feld sollte dieselben Voraussetzungen haben. Begrenzen Sie die Felder durch Bänke oder Kästen, sodass eine seitliche Bande entsteht. Die Anzahl der Felder ist abhängig von der Anzahl der Teams.

Bei acht Teams benötigen Sie vier Felder usw. Insgesamt werden dann mindestens vier Spiele absolviert, damit jedes Teams die gleiche Chance hat, ins Finale zu kommen. Die Zeit wird entsprechend festgelegt.

Ablauf und Variationen:
Die Teams spielen in ihrem jeweiligen Feld gegeneinander im freien Spiel. Am Ende der festgelegten Spielzeit wechselt der Gewinner jedes Feldes ein Feld nach rechts. Der Verlierer wechselt ein Feld nach links. Im „Finale" ganz rechts bleibt der Gewinner stehen, im Spiel um Platz 7/8 bleibt der Verlierer stehen, da es zur Seite nicht weitergeht.

Coachinghinweise und Feedback:
Bei dieser Turnierform ist es wichtig, dass die Anzahl der Spiele so festgelegt ist, dass entweder ein Durchgang oder vielleicht auch Hin- und Rückrunde gespielt werden kann. Passt die Anzahl der Spiele nicht zur Anzahl der Felder, sind die Chancen nicht gleich verteilt.

Verlaufsplan

Zeit	Unterrichts-phasen	Inhaltliche Schwerpunkte/ Maßnahmen	Sozial-/ Aktions-formen	Medien	Anmerkungen zum Lernprozess
0-10´	Begrüßung, Aufwärmen	Die Spieler organisieren sich weitestgehend selbst. Allein oder mit Partner, mit Ball oder ohne. Völlig frei. Entspricht der im Text erwähnten Kreativphase.	Plenum Gesamte Klasse	Bälle, Hütchen	
10-13´	Problem-orientierung	In dieser Stunde nicht relevant, daher die Zeit besser in Spielzeit umwandeln.	Plenum		
13-40´	Erarbeitungs-phase im Stationsbetrieb	Die Gruppen spielen in in ihren Feldern gegeneinander. Sie spielen auf Zeit, dann Felderwechsel.	Gruppen-arbeit	Bälle, Hütchen	Hierbei lernen die Kinder, Sieg oder Niederlage einzuordnen.
40-45´	Siegerehrung	Plätze vergeben	Plenum		

ANHANG

1 Laufzettel

Stunde 2:

Laufzettel von Gruppe:

	Welche Technik(en)?
Station 1	
Station 2	
Station 3	

Spann

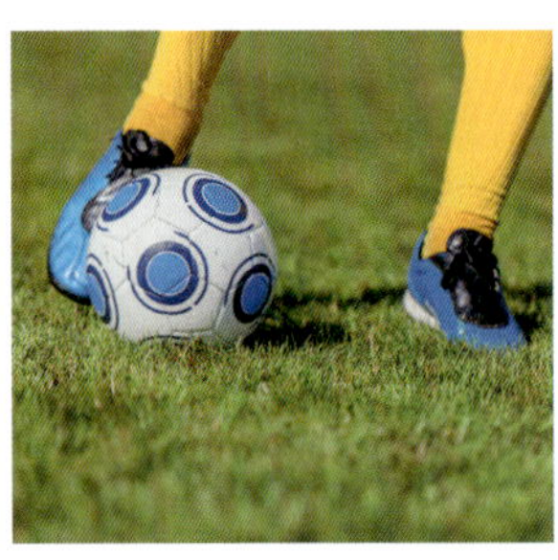

Innen- /Außenrist

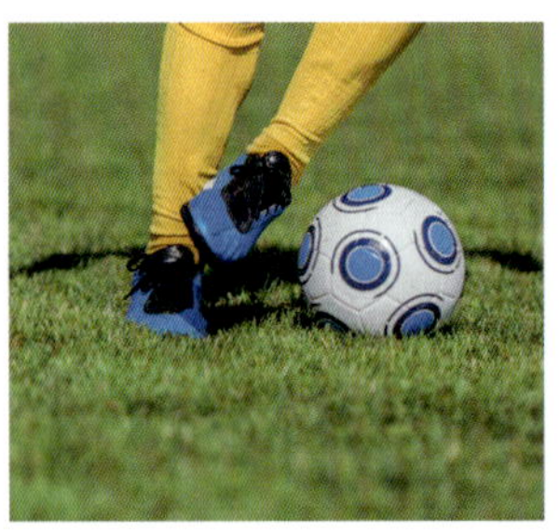

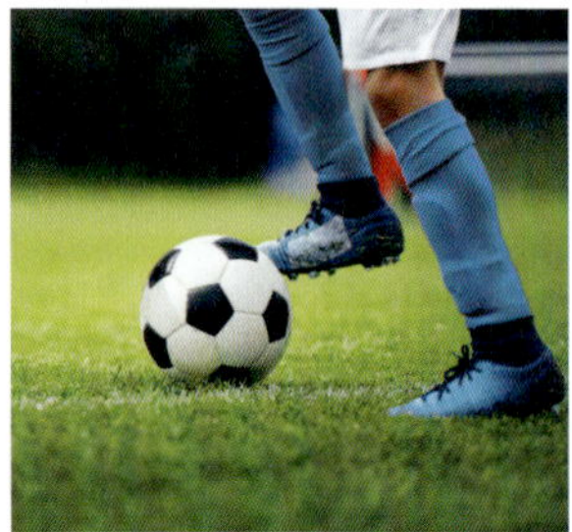

Sohle

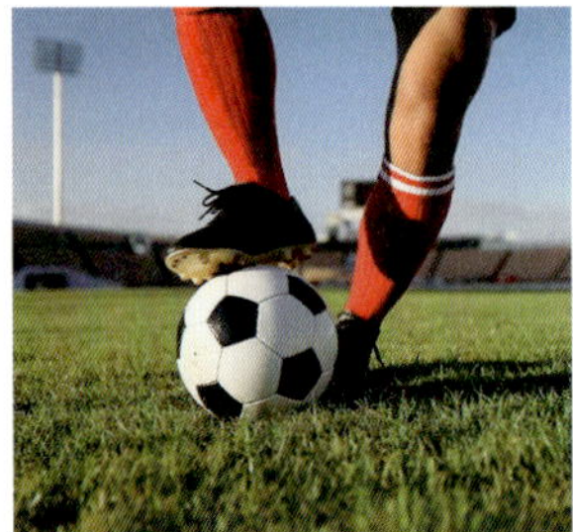

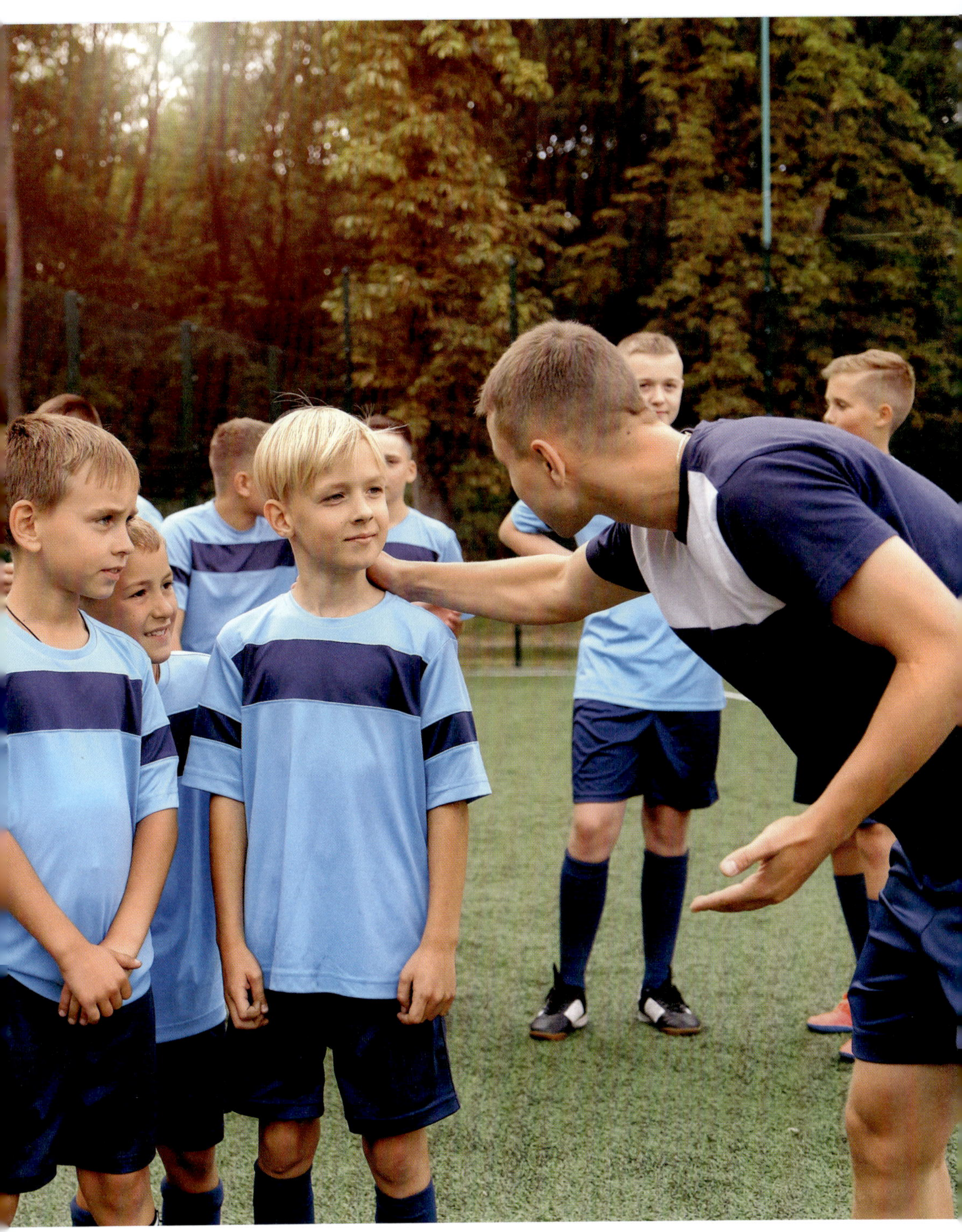

2 Stationskarten

Stationskarten Stunde 3

Station 1: Dribbling durch Torhüter

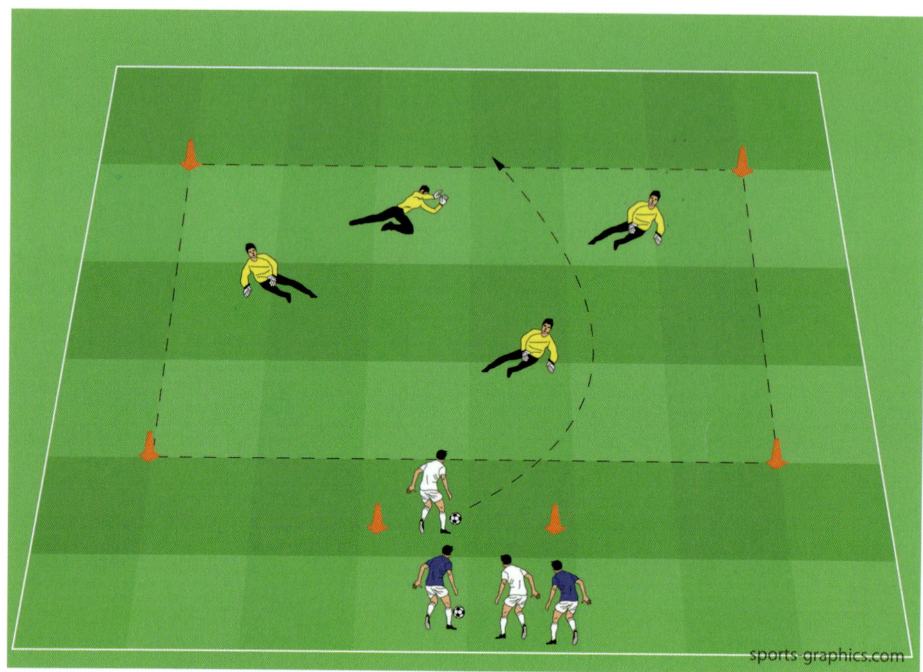

Versuche, den Ball durch die Torhüter zum Ziel zu führen! Du musst hierbei viele Techniken nutzen, um erfolgreich zu sein! Sicherheit ist wichtiger als Geschwindigkeit! Welche Technik hilft dir hierbei am besten?

Notiert die Antwort auf eurem Laufzettel!

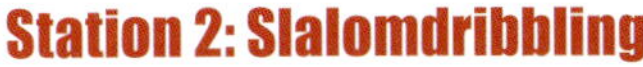

Station 2: Slalomdribbling

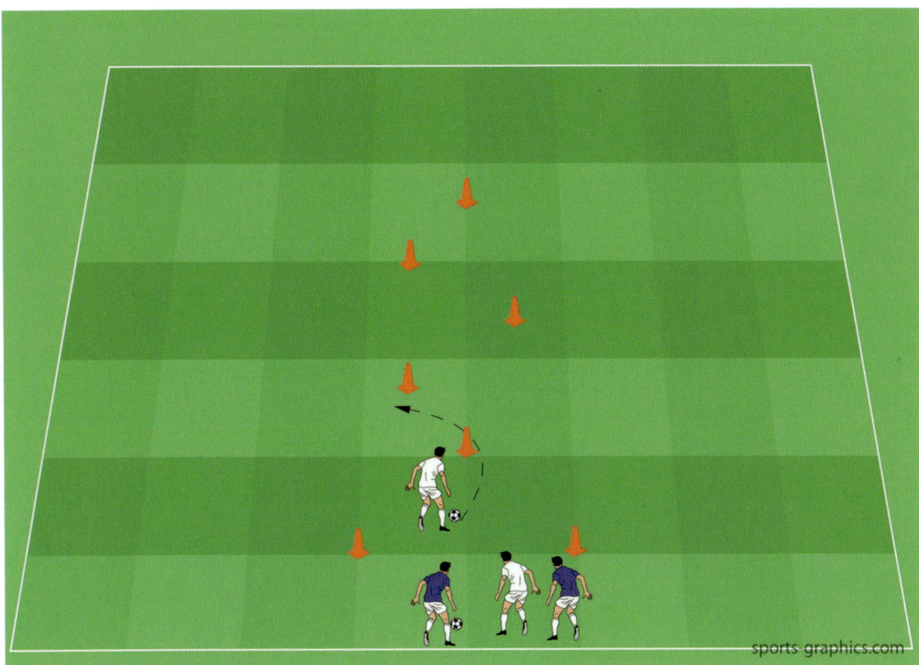

Bewältige den Slalomparcours so gut wie möglich! Achte darauf, dass du den Ball eng am Fuß führst! Geschwindigkeit ist nicht wichtig! Mit welcher Technik gelingt das am besten? Oder muss man Techniken kombinieren?

Überlegt euch eine Lösung und notiert diese auf eurem Laufzettel!

Station 3: Mit Tempo auf die andere Seite!

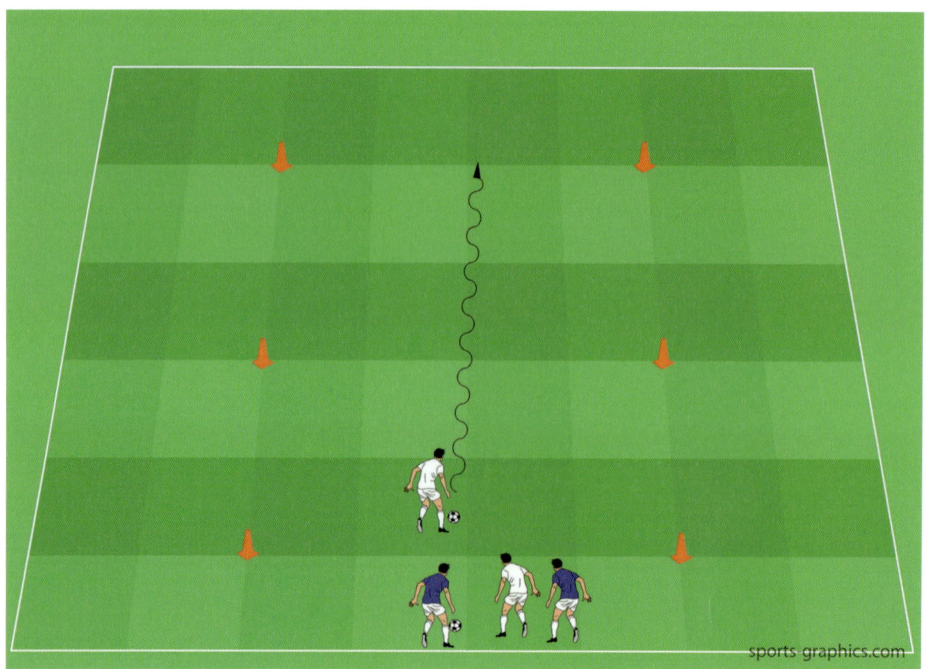

Dribble den Ball so schnell wie möglich auf die andere Seite. Probiert alle verschiedenen Möglichkeiten des Dribblings aus!

Überlegt zusammen, welche Dribblingtechnik am besten für diese Aufgabe geeignet ist!

Notiert diese auf eurem Laufzettel!

Stationskarten Stunde 4

Station 1: Torwandschießen

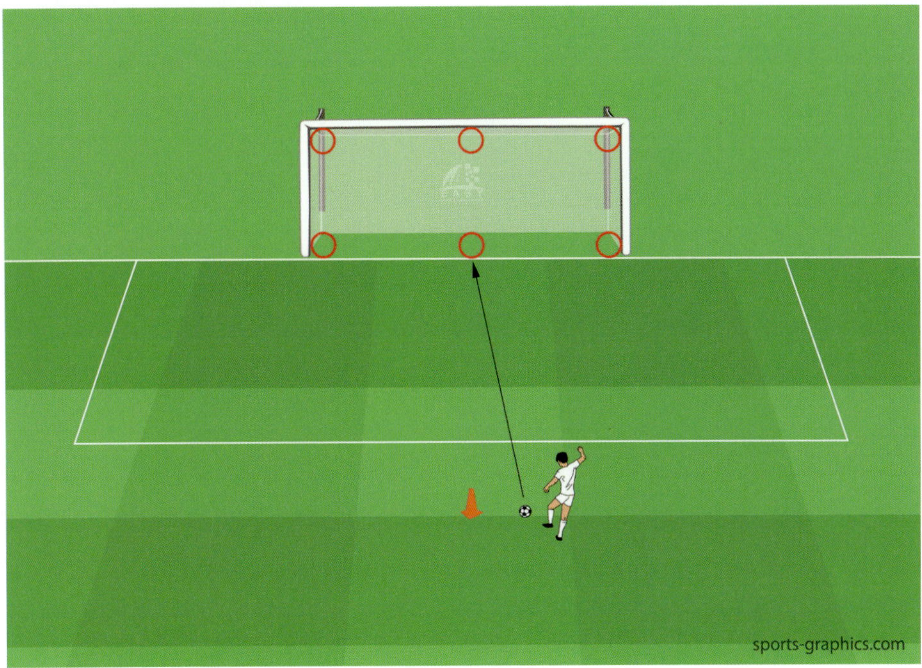

Du hast sechs Versuche!

Obere Ringe: zwei Punkte

Untere Ringe: ein Punkt

Station 2: Fest ins Netz!

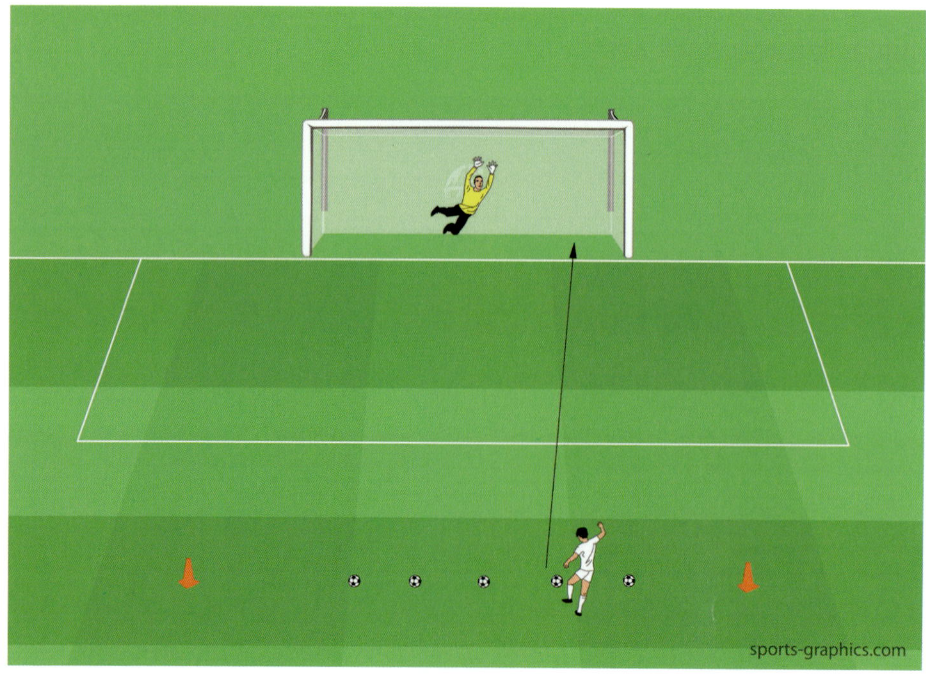

Du hast fünf Versuche!

Jeder Treffer zählt zwei Punkte!

Station 3: Hütchen umschießen

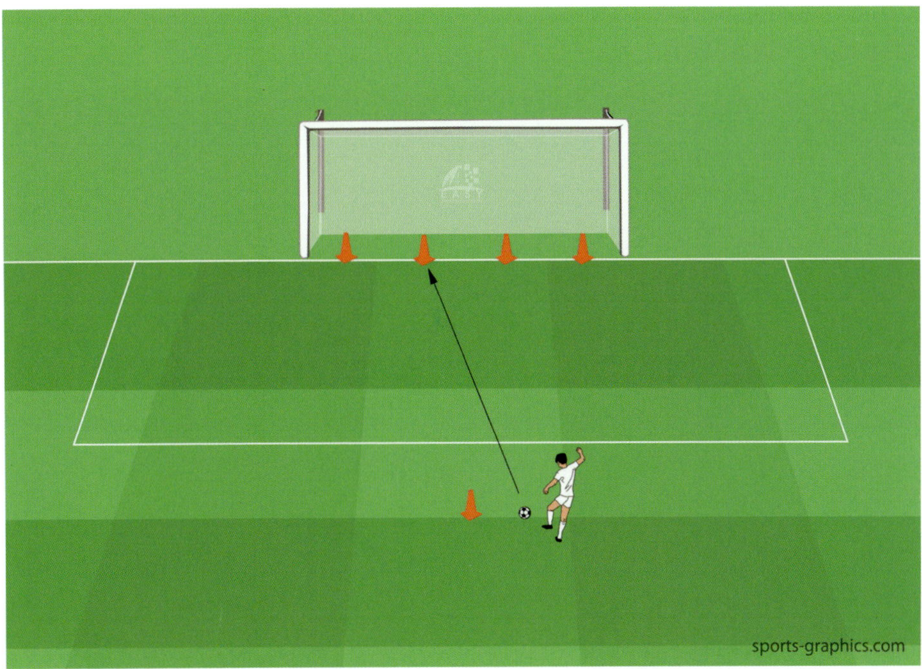

Du hast fünf Versuche!

Jedes umgeschossene Hütchen zählt zwei Punkte!

Stationskarten Stunde 5

Station 1: Fußballgolf

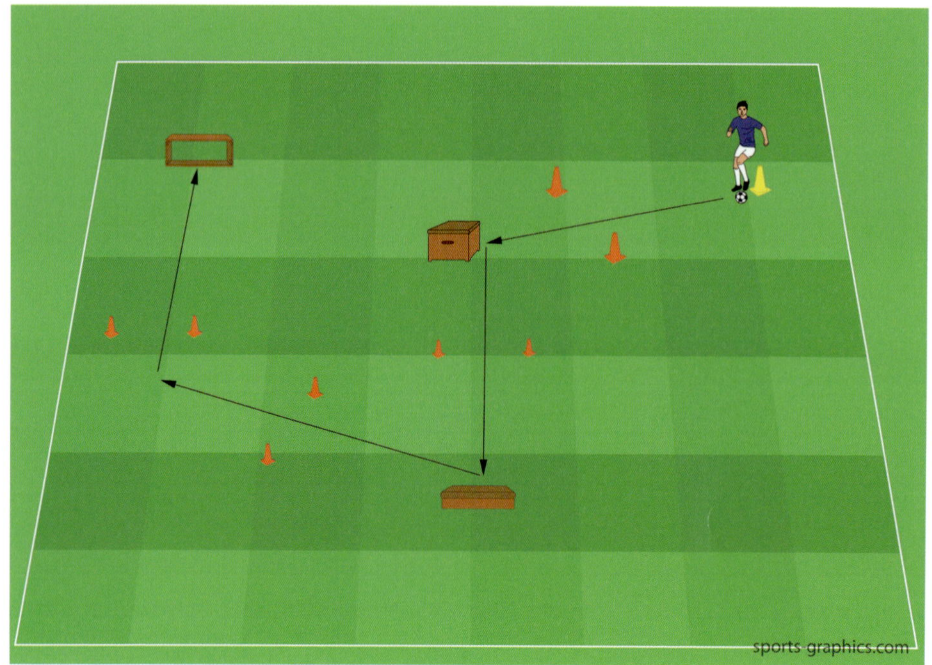

Du hast drei Versuche!

Wie viele Pässe benötigst du bis ins Ziel?

Station 2: Fußballboule

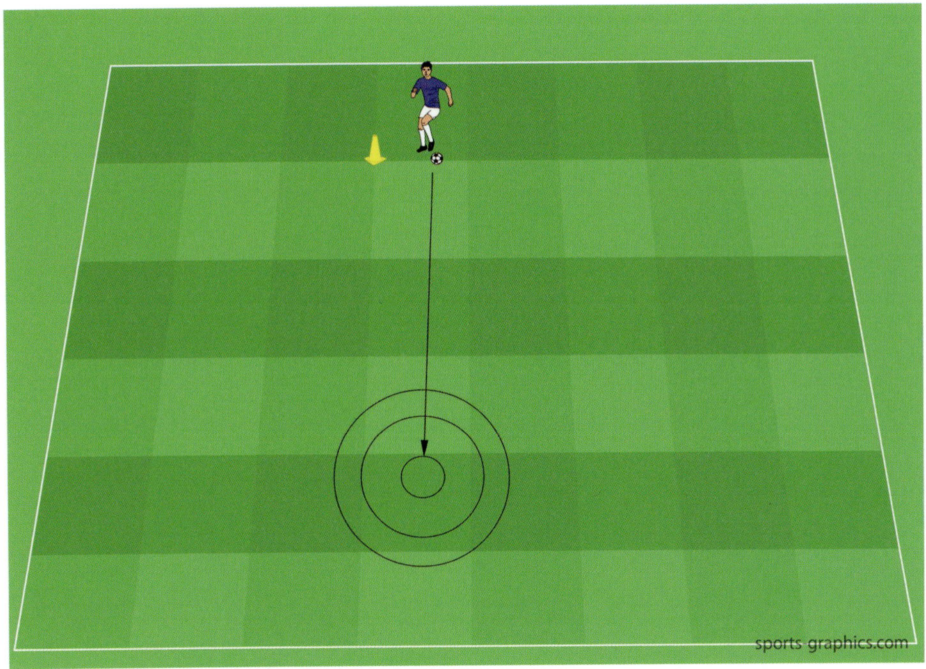

Bleibt der Ball in der Mitte liegen: drei Punkte; im mittleren Ring: zwei Punkte; im äußeren Ring: ein Punkt.

Station 3: Trichterpassen

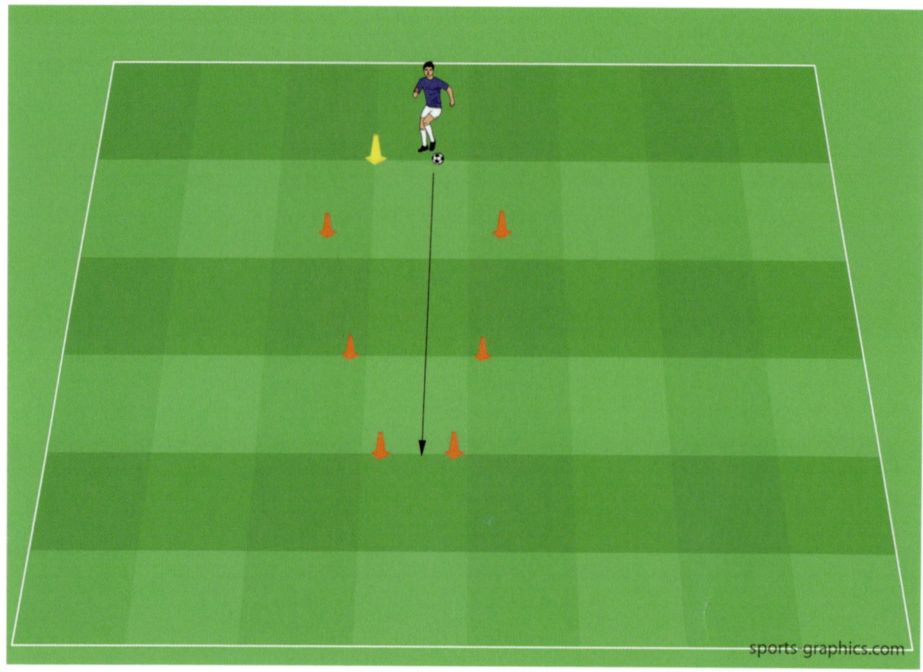

Du hast drei Versuche!

Versuche, auf einmal durch alle Hütchentore zu passen. Für jedes erfolgreiche Tor bekommst du einen Punkt. Du kannst also pro Durchgang maximal drei Punkte erzielen.

3 Übungspool

1. Footbonaut light

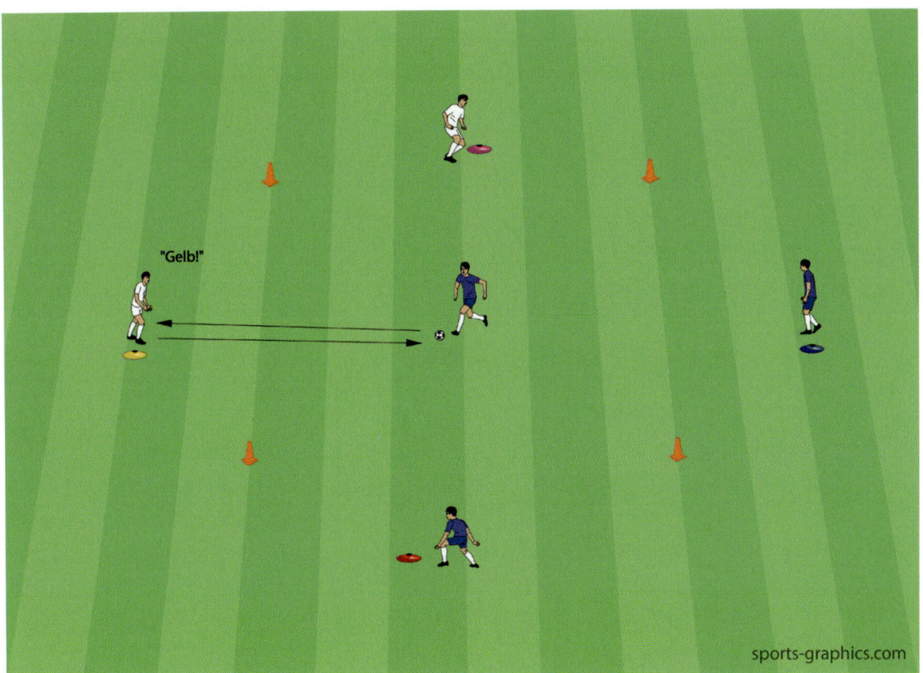

Organisation:
Markieren Sie ein Feld 8 x 8 Meter oder größer, je nach Niveau. Vier Spieler postieren sich nach hinten versetzt an den Seiten des Feldes. Jedem Spieler wird eine Farbe zugeordnet. Entweder durch ein Markierungshütchen oder durch ein farbiges Leibchen.

Ein Spieler befindet sich mit Ball im Feld.

Ablauf und Varianten:
Der Spieler mit Ball dribbelt im Feld umher. Aus einer Ecke kommt der erste Ausruf, z. B. „Gelb!" Der Spieler mit Ball versucht, schnellstmöglich sein Ziel zu finden und einen Pass dorthin zu spielen. Der außen Stehende spielt den Ball umgehend zurück. Während der Rückpass unterwegs ist, ruf der nächste Spieler seine Farbe usw.

Coachinghinweise und Feedback:
Hauptsächlich der Spieler mit Ball sollte Feedback bekommen:

„Wie kann ich mich orientieren? Wie komme ich schnellstmöglich in die Drehung?

Die Außenspieler sollten locker stehen und abspielbereit sein.

2. Tic Tac Toe

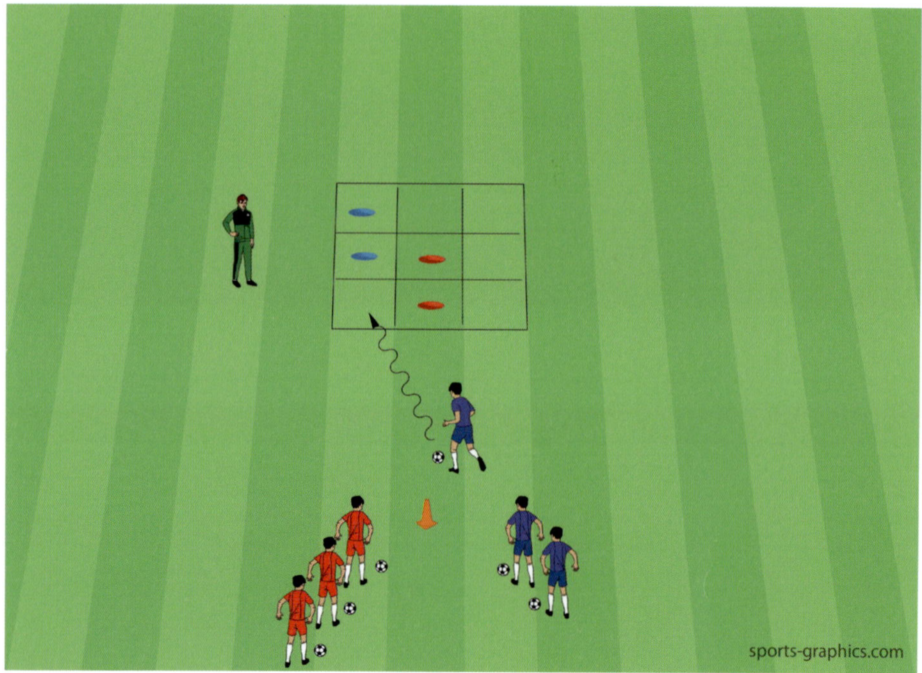

Organisation:
Markieren Sie ein Feld, das wiederum in neun gleich große Felder aufgeteilt ist. An einem Starthütchen warten zwei Teams, jeweils mit Ball. Der Lehrer steht neben dem Quadrat mit farbigen Markierungshütchen oder Leibchen.

Ablauf und Varianten:
Abwechselnd dribbeln die Spieler zum Quadrat und markieren wie beim Spiel „Tic-Tac-Toe" ein Feld. Jeder Spieler legt seinen Ball in einem Feld ab. Sobald er auf dem Rückweg ist, markiert der Lehrer das Feld und spielt den Ball zurück zur Gruppe. Wer als Erstes drei Felder in einer Reihe hat, gewinnt.

Coachinghinweise und Feedback:
Hierbei spielt natürlich die Fairness die größte Rolle. Da diese Übung sehr gut als Aufwärmspiel genutzt werden kann, sollte das Coaching nur bei eklatanten Fehlern erfolgen.

3. Tic-Tac-Toe-Torschuss

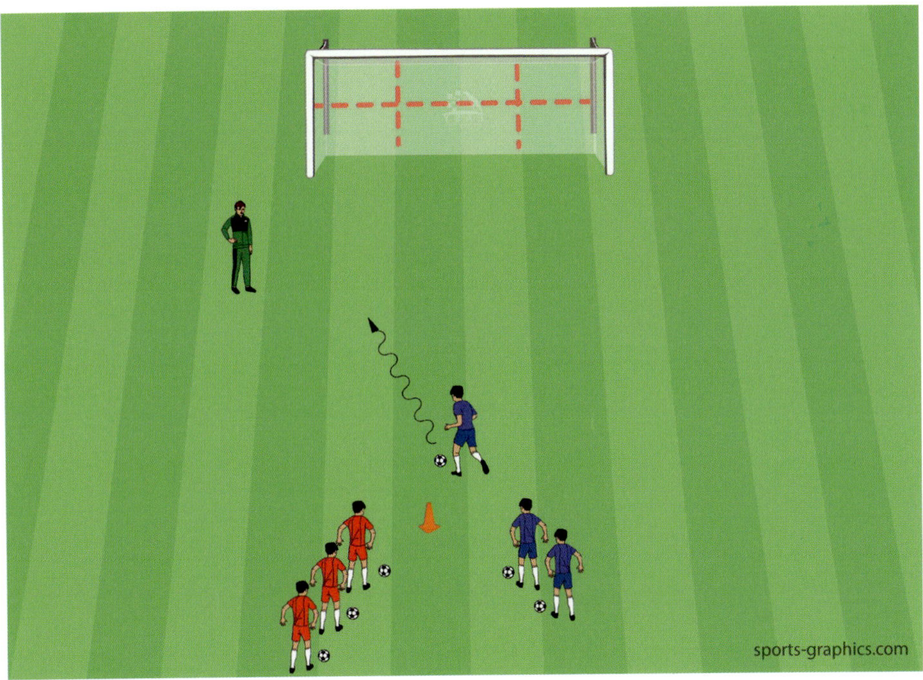

Organisation:
Markieren Sie in einem Tor mithilfe von Flatterband eine Quer- und zwei Längslinien, damit sich daraus sechs Felder ergeben.

Zwei Teams warten an einem Hütchen in circa 15 Metern Entfernung. Legen Sie eine Schussentfernung fest.

Ablauf und Varianten:
Im Wechsel versuchen die beiden Teams, in die jeweiligen Felder zu treffen. Zwei Felder nebeneinander reichen aus, um zu gewinnen. Aufgrund der Reihenfolge kann natürlich „nachgezogen" werden. Sollte eine Pattsituation entstehen, beginnt das Spiel von Neuem.

Coachinghinweise und Feedback:
Vergleichen Sie die angewendete Technik mit dem anvisierten Ziel. Geben Sie Feedback, ob die richtige Kombination gewählt wurde. Wenn nötig, achten Sie auf die richtige Technik.

4. Pässe zählen

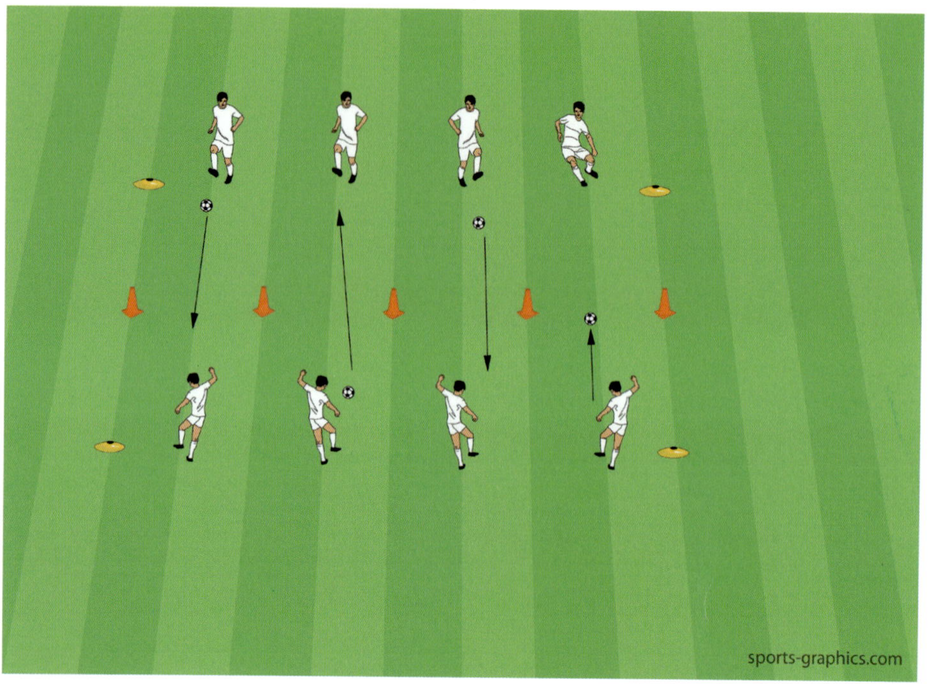

Organisation:
Bauen Sie entsprechend der Anzahl der Schüler eine Gasse auf, die wiederum durch eine Hütchenlinie geteilt wird. Am Seitenende der Gasse steht jeweils ein Partner. Das Passfenster, das durch die Hütchen entsteht, sollte circa 2 Meter breit sein.

Ablauf und Varianten:
Auf einen Pfiff beginnen die Pärchen mit dem Passspiel durch die Hütchen. Das Team, das die meisten Pässe innerhalb der vorgegebenen Zeit schafft, gewinnt.

Coachinghinweise und Feedback:
Mithilfe der Passanzahl lassen sich sehr gut Rückschlüsse auf die Technik und die Ausführung ziehen. Mögliche Hilfestellungen wären Hinweise auf Richtung, Treffpunkt des Balls und Bewegungsabläufe. Der Verweis auf den Blickkontakt könnte dem einen oder anderen beim Anvisieren des Ziels helfen.

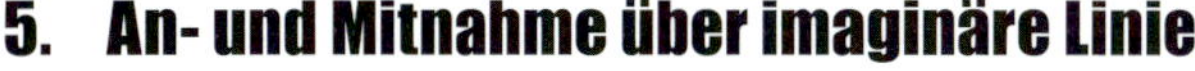

5. An- und Mitnahme über imaginäre Linie

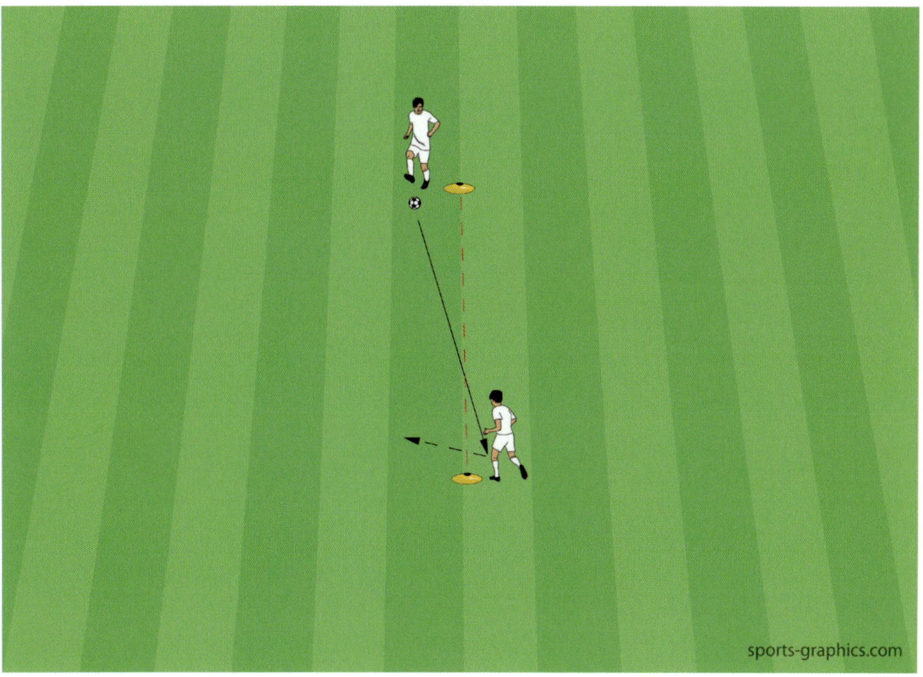

Organisation:
Im Abstand von 10-15 Meter (je nach Niveau anpassen) stellen Sie zwei Markierungshütchen auf. Beide Spieler postieren sich diagonal rechts und links neben diesen.

Ablauf und Varianten:
Beginnend mit dem Außenfuß, passt ein Spieler diagonal auf den Außenfuß des Partners. dieser versucht, mit der Innenseite des Außenfußes den Ball mit dem ersten Kontakt seitlich über die imaginäre Linie zwischen den Hütchen mitzunehmen, um dann im Anschluss mit dem anderen Fuß ebenfalls diagonal zurückzuspielen.

Coachinghinweise und Feedback:
„Die Fußspitze hoch" (Mitnahme).
„Den Pass so spielen, dass der Mitspieler ihn gut mitnehmen kann".
„Genau in den Fuß!"
„Schaue vor dem Pass kurz hoch!"

6. Torschuss diagonal

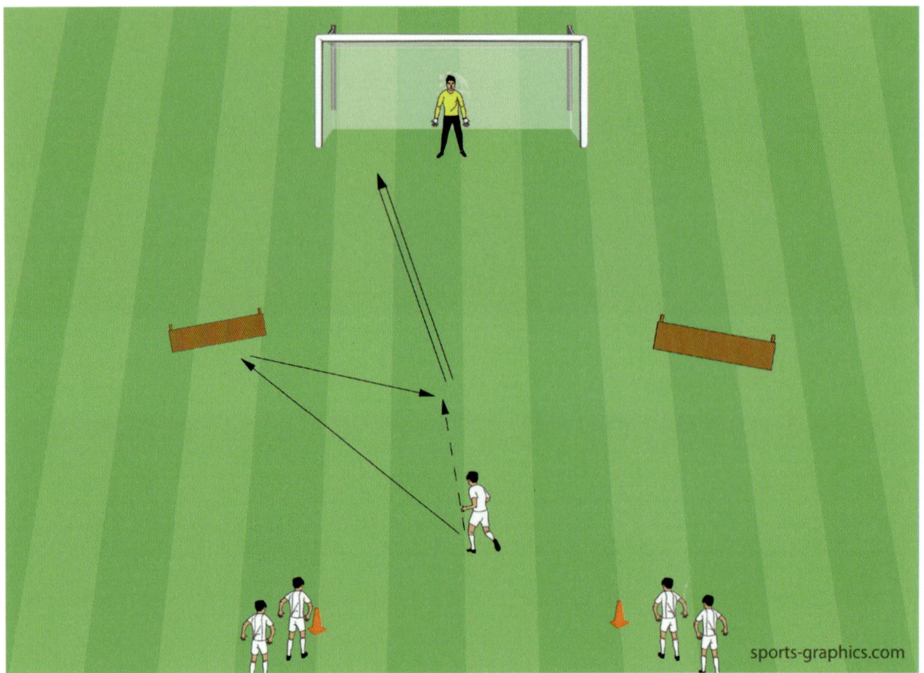

Organisation:
Stellen Sie zwei Bänke im Abstand von circa 15 Metern rechts und links wie abgebildet auf. Diagonal wird ein Starthütchen aufgebaut.

Ablauf und Varianten:
Von einem diagonal festgelegten Punkt, der mit einem Hütchen markiert ist, dribbeln die Spieler an und passen gegen die Bank. Den zurückprallenden Ball nehmen sie nach vorne mit und schießen auf das Tor.

Coachinghinweise und Feedback:
Das Timing zwischen Pass, An- und Mitnahme und Abschluss ist entscheidend. Der Bewegungsablauf sollte flüssig sein.

7. Slalomdribbling-Wettkampf

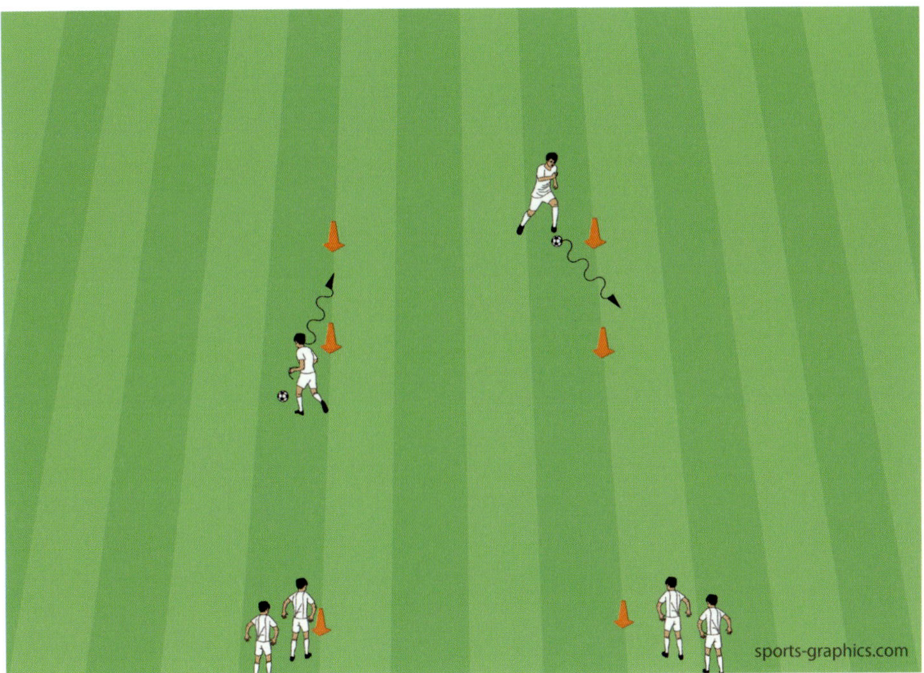

Organisation:
Bilden Sie zwei gleich große Teams. Circa 10 Meter von einem Starthütchen entfernt postieren Sie zwei weitere Hütchen mit einem Abstand von drei Metern.

Ablauf und Varianten:
Auf einen Pfiff starten die beiden Teams im Dribbling in Richtung Hütchen. Nach einem Dribbling in Form einer Acht dribbeln sie zurück und übergeben den Ball hinter dem Starthütchen. Wer zuerst fertig ist, gewinnt!

Coachinghinweise und Feedback:
Achten Sie auf enge Ballführung. Viele Ballkontakte helfen bei der Kontrolle im Dribbling um die Hütchen. Das Tempodribbling hilft beim Hin- und Rückweg.

8. Torschuss nach Slalom

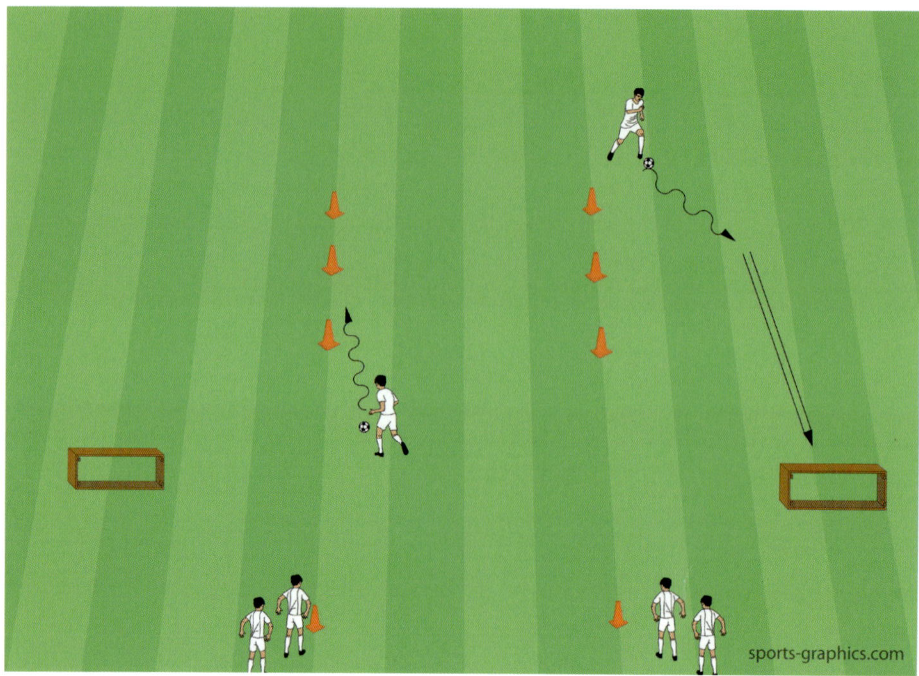

Organisation:
Markieren Sie circa 10 Meter vor einem Starthütchen einen Slalomparcours. Ein Kastenteil dient seitlich daneben als Passtor.

Ablauf und Varianten:
Die Übung kann als Wettkampf oder als Übung durchgeführt werden.

Ein Spieler startet am Hütchen und dribbelt um den Hütchenparcours so herum, dass er mit dem Außenfuß auf das Passtor passen kann. Im Anschluss stellt er sich auf der anderen Seite an.

Coachinghinweise und Feedback:
Achten Sie auf enge Ballführung und die richtige Passqualität. Ein beidfüßiger Einsatz kann hier gefordert werden.

9. Torschuss nach Umrundung

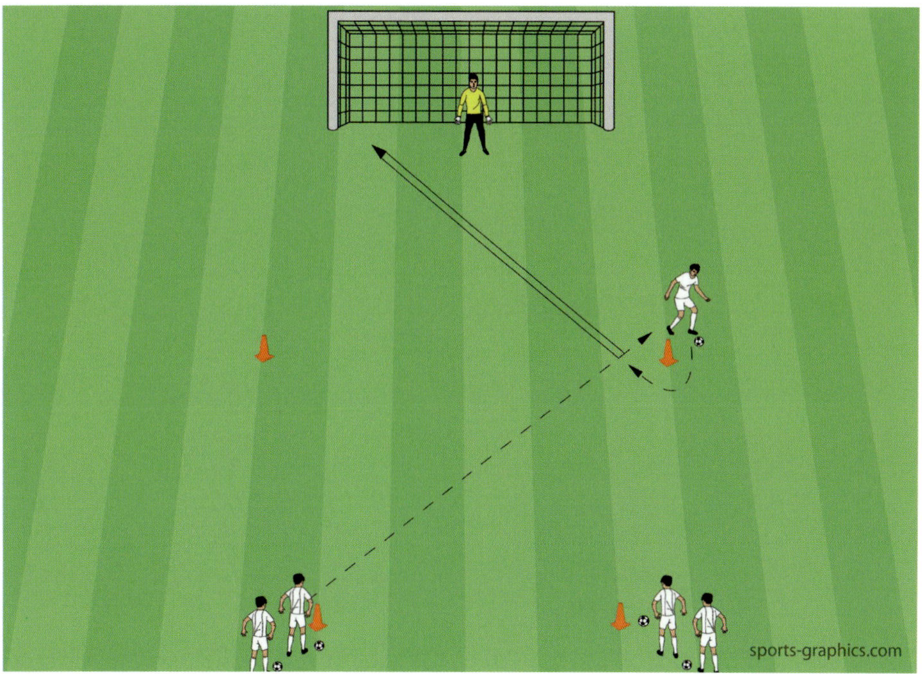

Organisation:
Stellen Sie vier Hütchen wie abgebildet vor einem Tor auf. Die Abstände sollten circa 10 Meter betragen. An den hinteren beiden Hütchen stehen die Spieler mit Bällen. An einem Hütchen wartet der erste Schüler hinter dem Hütchen.

Ablauf und Varianten:
Der Passempfänger steht innen vom Hütchen und nimmt den Ball an und mit, um das Hütchen herum. Im Anschluss schießt er auf das Tor. Danach wechselt er an das freie Hütchen. Der Passgeber geht seinem Pass nach.

Coachinghinweise und Feedback:
Achten Sie auf den ersten und, wenn nötig auf den zweiten Kontakt!

10. Torschuss nach Pass

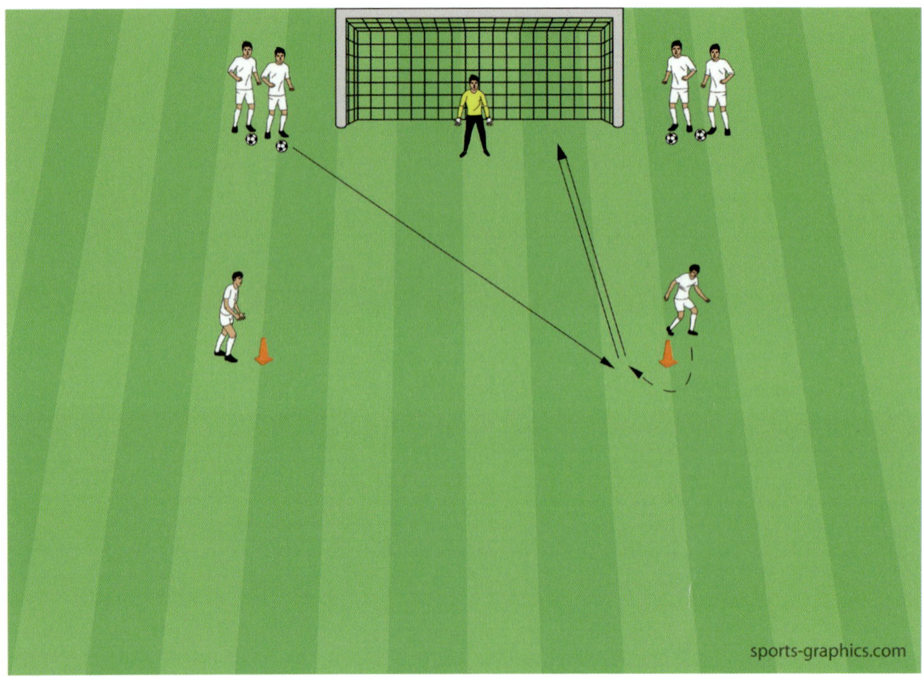

Organisation:

Neben einem Jugendtor postieren sich gleich viele Spieler. Ein Torwart ist im Tor. Circa 7-10 Meter vom Tor entfernt und circa einen Meter seitlich versetzt, stellen Sie ein Markierungshütchen auf. Je ein Spieler wartet mit Blick zum diagonalen Passgeber.

Ablauf und Varianten:

Nach Blickkontakt mit dem Passgeber spielt dieser einen flachen Pass in Richtung Hütchen und zwar so, dass der Empfänger jeweils mit dem Innenfuß (also von rechts mit links) schießen kann. Der Empfänger bewegt sich zur Annahme vor das Hütchen.

Coachinghinweise und Feedback:

Je nach Niveau eventuell zuerst mit zwei Kontakten spielen. Achten Sie auf Blickkontakt zwischen Passempfänger und Passgeber.

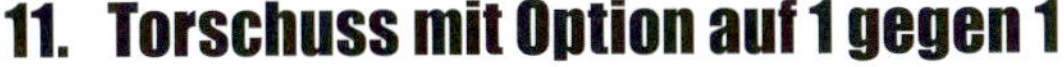

11. Torschuss mit Option auf 1 gegen 1

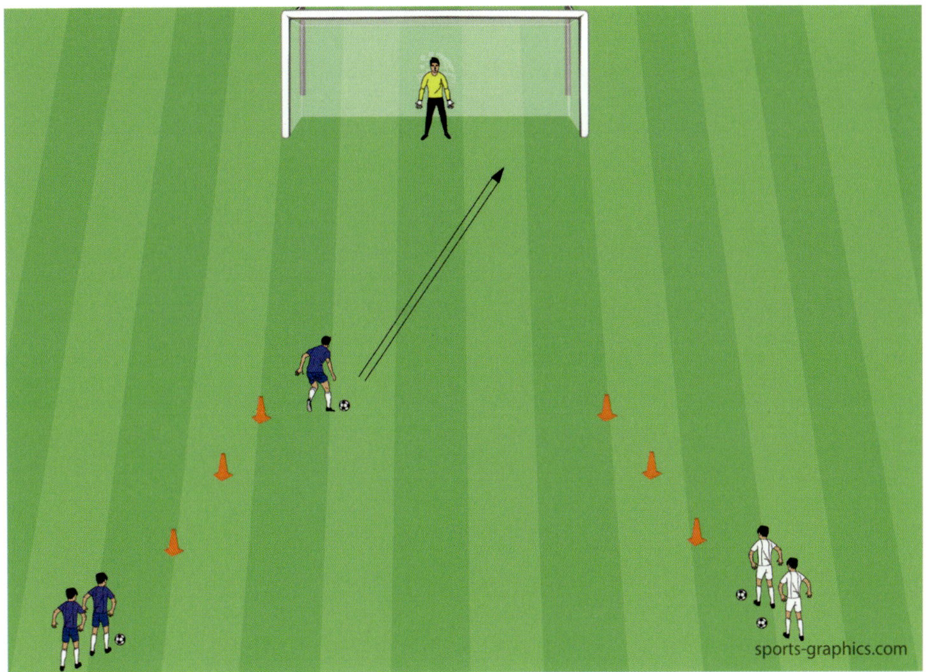

Organisation:
Postieren Sie in circa 8-10 Meter (je nach Niveau auch angepasst) zwei Hütchen etwas seitlich neben dem Pfosten. Diagonal dahinter, circa 8-10 Meter entfernt, befindet sich ein weiteres Hütchen als Slalomparcours. Die Spieler warten jeweils mit Ball am hinteren Hütchen.

Ablauf und Varianten:
Jeweils im Wechsel dribbeln die Spieler durch den Hütchenparcours und schießen im Anschluss auf das Tor. Im ersten Durchgang ist die Ausführung komplett frei. In weiteren Durchgängen:

- innen rauskommen;
- außen rauskommen.

Variante: Spieler 1 dribbelt zuerst durch den Parcours und schließt ab. Kurz darauf dribbelt Spieler 2 zeitlich versetzt an den Hütchen außen entlang. Spieler 1 sollte mit etwas Vorsprung abschließen können, wird dann zum Verteidiger, gegen den Spieler 2 ein 1 gegen 1 spielt.

Coachinghinweise und Feedback:
Wichtig ist hierbei der zeitliche Ablauf. Es ist darauf zu achten, dass trotzdem technisch sauber gearbeitet wird. Sollte das nicht der Fall sein, die Abstände entsprechend anpassen. Ansonsten kann das Coaching im Bereich Dribbling, 1 gegen 1 mit Finten oder auch Torschuss liegen. Den Schwerpunkt dann selbst festlegen.

12. Torschuss diagonal mit dem Rücken zum Tor

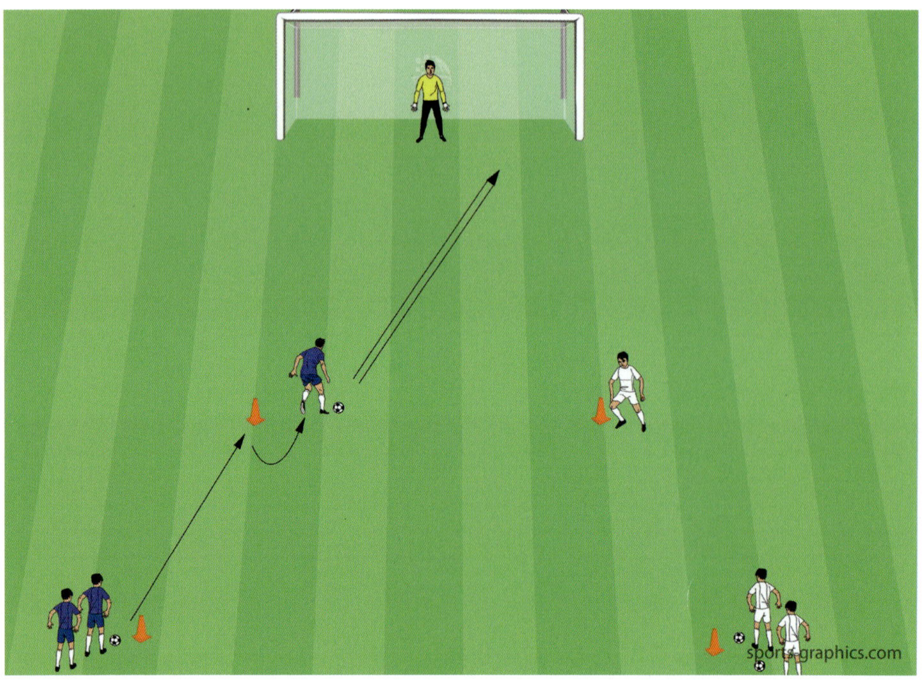

Organisation:
Postieren Sie in circa 8-10 Meter Entfernung (je nach Niveau auch angepasst) zwei Hütchen etwas seitlich neben dem Pfosten. Diagonal dahinter circa 8-10 Meter entfernt befindet sich ein weiteres Hütchen.

Die Spieler warten jeweils mit Ball am hinteren Hütchen. Jeweils ein Spieler wartet mit dem Rücken zum Tor hinter dem Hütchen.

Ablauf und Varianten:
Im versetzten Wechsel spielen die hinteren Spieler einen Pass nach vorne. Der Spieler am vorderen Hütchen startet im besten Fall von hinter dem Hütchen außenrum vor das Hütchen, um den Pass zu empfangen. Im ersten Durchgang soll dieser auf den Außenfuß, also auf der linken Seite auf den rechten Fuß, gespielt werden. Der Passempfänger versucht, mit einem Kontakt den Ball nach innen mitzunehmen und mit dem zweiten Kontakt zu schießen. Alternativ auf den Innenfuß spielen, um unterschiedliche Möglichkeiten der Annahme (mit der Außenseite) zu üben.

Coachinghinweise und Feedback:
„Die Fußspitze hoch!" (Mitnahme)
„Den Pass so spielen, dass der Mitspieler ihn gut mitnehmen kann"
„Genau in den Fuß!"
„Schaue vor dem Schuss kurz hoch!"

4 Turnierpläne

Turnierplan Stunde 6

1 gegen 1 (nach jedem Tor wird gewechselt, spätestens nach einer Minute)

Nr.	Name Team 1	Name Team 2	Ergebnis	Punkte (Sieg 3 Pkt./ Unentschieden 1 Pkt.)
1				
2				
3				
4				
5				
6				
7				
8				
9				
10				
Gesamtpunkte				

2 gegen 2 (nach jedem Tor wird gewechselt, spätestens nach einer Minute)

Nr.	Name Team 1	Name Team 2	Ergebnis	Punkte (Sieg 3 Pkt./ Unentschieden 1 Pkt.)
2				
3				
4				
5				
6				
Gesamtpunkte				

3 gegen 3 (fliegender Wechsel)

Nr.	Name Team 1	Name Team 2	Ergebnis	Punkte (Sieg 3 Pkt./ Unentschieden 1 Pkt.)
1				

4 gegen 4 (fliegender Wechsel)

Nr.	Name Team 1	Name Team 2	Ergebnis	Punkte (Sieg 3 Pkt./ Unentschieden 1 Pkt.)
1				

Gesamtpunktzahl:

5 Danke!

Mein Dank geht insbesondere an Patrizio Cuciuffo. Er stand mir maßgeblich als Sparringspartner im fachlichen Austausch zur Verfügung. Er war stets bereit, über Inhalte zu sprechen, stand als Lektor und Kritiker zur Verfügung. Seine Rückmeldung war stets ein wichtiger Faktor im Schaffensprozess.

Vielen Dank, Patrizio!

6 Literaturverzeichnis

Bähr, I. & Borchert, S. (2006). Fußball spielen – aber gemeinsam! *Sportpädagogik, 6,* 10-14.

Batz, M. *Seminar „Leadership im Leistungsfußball".*

DFB (2009). *Talente fordern und fördern! Konzepte und Strukturen vom Kinder- bis zum Spitzenfußball.* Philippka.

DFB (2006). *Fußball von morgen. Band 1: Kinderfußball.* Philippka.

DFB (2016). *Kinderfußball. Ausbilden mit Konzept.* Philippka.

Drobisch, D. & Stratmann, A. (2021). *Kinderfußball – Trainieren wie die TSG Hoffenheim.* Philippka.

Hohmann, A., Lames, M. & Letzelter, M. (2002). *Einführung in die Trainingswissenschaft.* Limpert Verlag.

Kröger Ch. & Roth, K. (1999). *Ballschule. Ein ABC für Spielanfänger.* Schorndorf: Hofmann.

Mayer, J. & Hermann, H.-D. (2014). *Sportpsychologie im Nachwuchsfußball.* Philippka.

Memmert, D. (2019). *Fußballspiele werden im Kopf entschieden.* Meyer & Meyer.

Memmert, D. https://www.die-sportpsychologen.de/2015/12/prof-dr-daniel-memmert-kreatives-taktisches-entscheiden-im-fussball/ (Zugriff zuletzt am 1.11.21 9.00 Uhr).

Ministerium für Schule und Weiterbildung des Landes Nordrhein-Westfalen (2008). *Richtlinien und Lehrpläne für die Sekundarstufe I. Gymnasium/Gesamtschule in Nordrhein-Westfalen.* Sport. Ritterbach.

Paasch, R. (2018). Das Gehirn spielt immer mit! Die exekutiven Funktionen im doch nicht so einfachen Fußball. *Fußballtraining,* 10, 34ff.

Pohl, R. *Perspektiven des Fußballspielens in der Schule* (S. 21-37). DVS-Band 185.

Schmoll, L. (2006). Leistungsbeurteilung im Fußball. *Betrifft Sport,* 04, 15-19.

Schulz von Thun, F. (2013). *Miteinander Reden 1-3.* RoRoRo. (50. Auflage).

Wein, H. (2009). *Spielintelligenz im Fußball: Kindgemäß trainieren.* Meyer & Meyer.

7 Bildnachweis

Coverbild:	© AdobeStock
Umschlaggestaltung:	Katerina Georgieva
Innenlayout:	Katerina Georgieva
Bilder Innenteil:	© AdobeStock: S. 27-30, 61, 67, 83, 91, 98, 105, 107, 125, 130-131
Satz:	www.satzstudio-hilger.de
Abbildungen:	© easy sports graphics
Lektorat:	Dr. Irmgard Jaeger

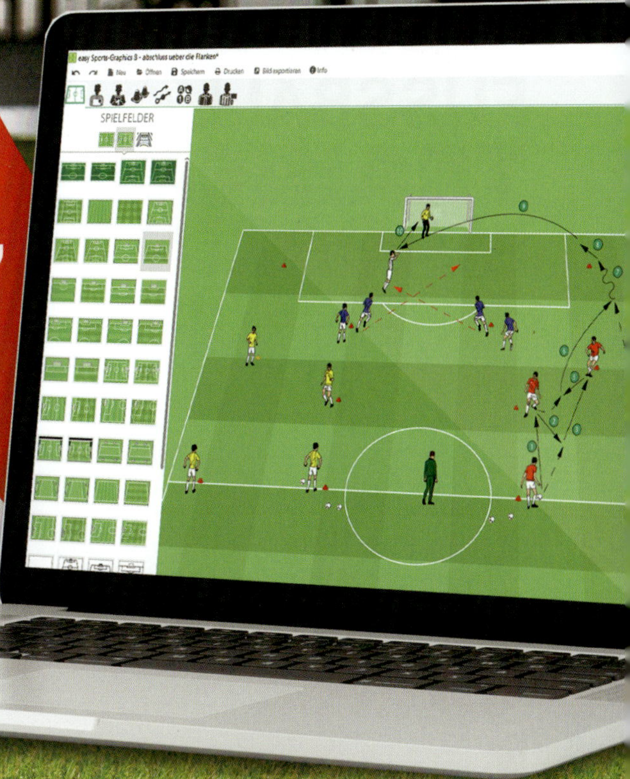

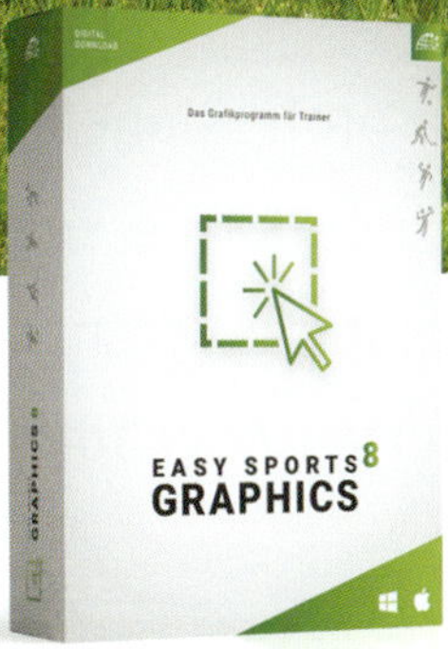

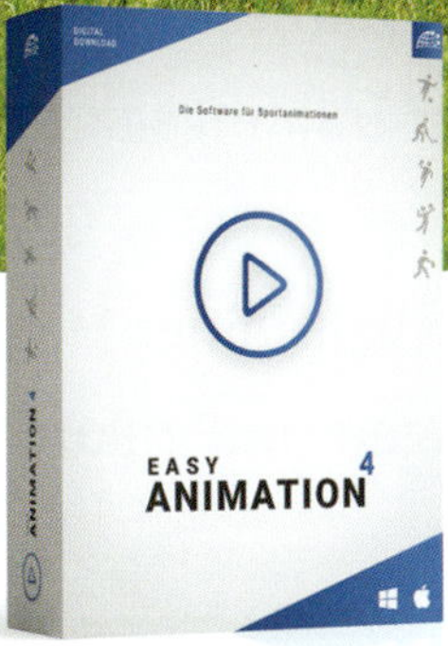

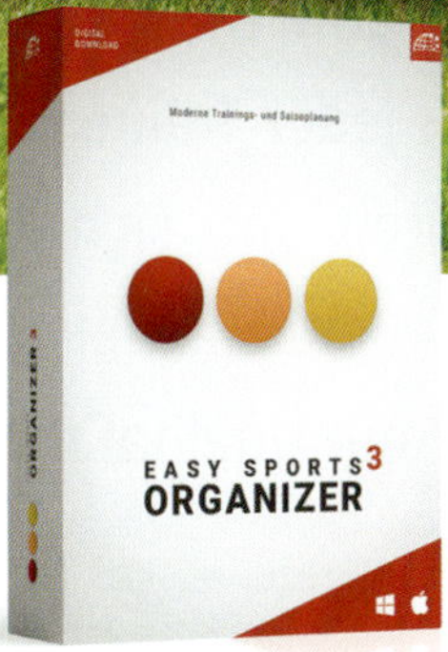

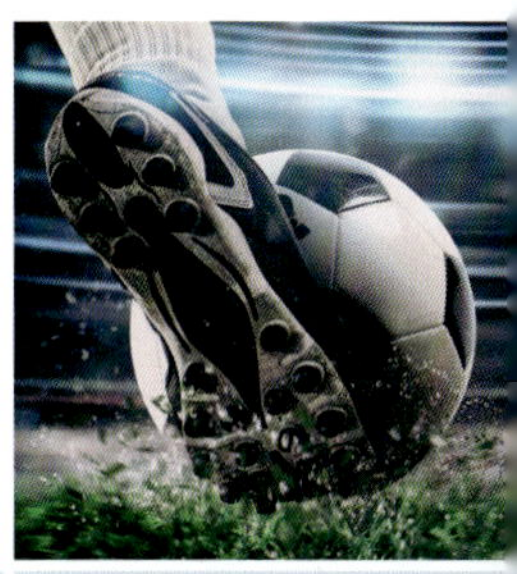

WEITERE FUSSBALLTITEL

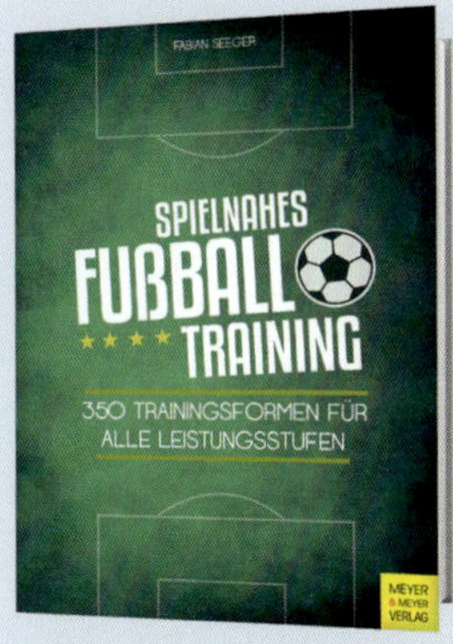

ISBN 978-3-89899-922-9
€ [D] 29,95/[A] 30,80

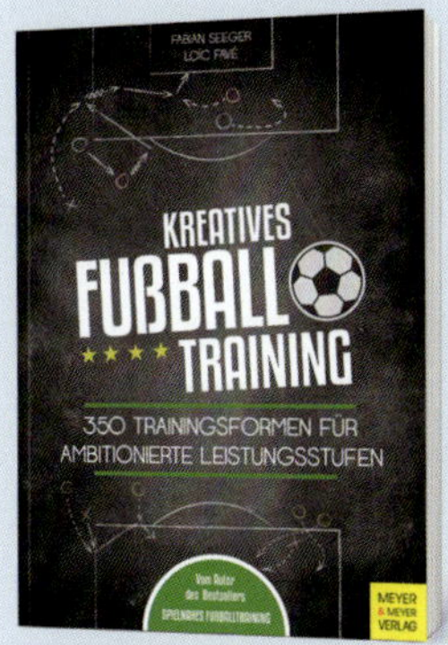

ISBN 978-3-8403-7549-1
€ [D] 35,00/[A] 36,00

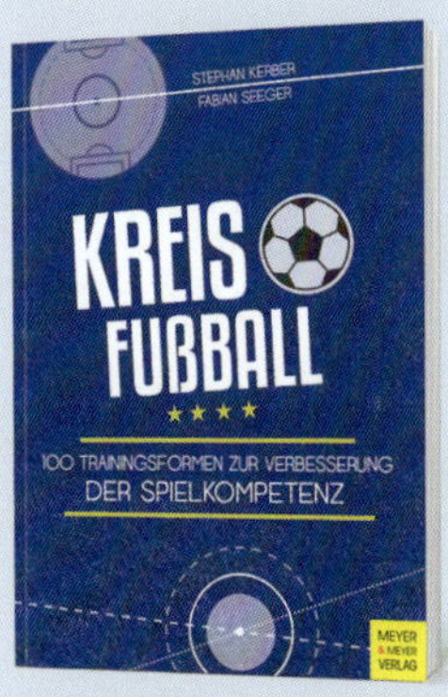

ISBN 978-3-8403-7594-1
€ [D] 29,95/[A] 30,80

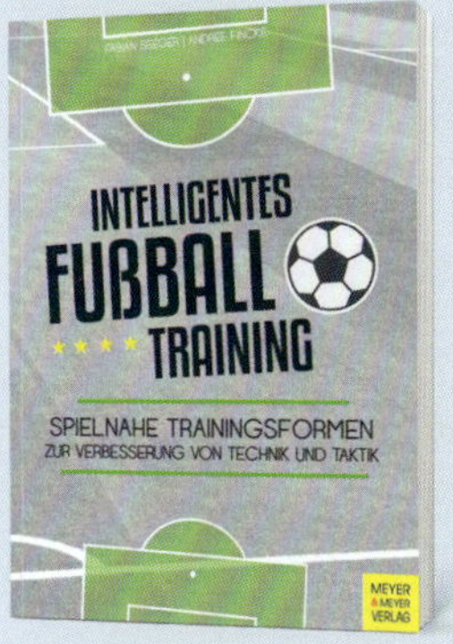

ISBN 978-3-8403-7593-4
€ [D] 19,95/[A] 20,60

Preisänderungen vorbehalten und Preisangaben ohne Gewähr! Bild oben rechts © AdobeStock

MEYER & MEYER Verlag
Von-Coels-Str. 390
52080 Aachen

Telefon 02 41 - 9 58 10 - 25
Fax 02 41 - 9 58 10 - 10
E-Mail vertrieb@m-m-sports.com
Website www.dersportverlag.de

MEYER & MEYER VERLAG

Abonnieren Sie unseren kostenlosen Newsletter unter **www.dersportverlag.de**

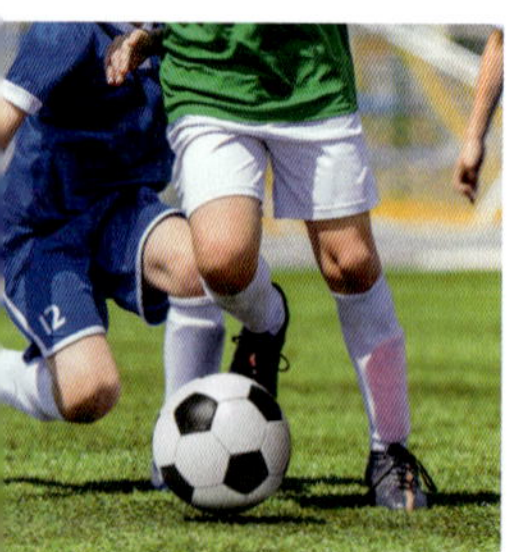

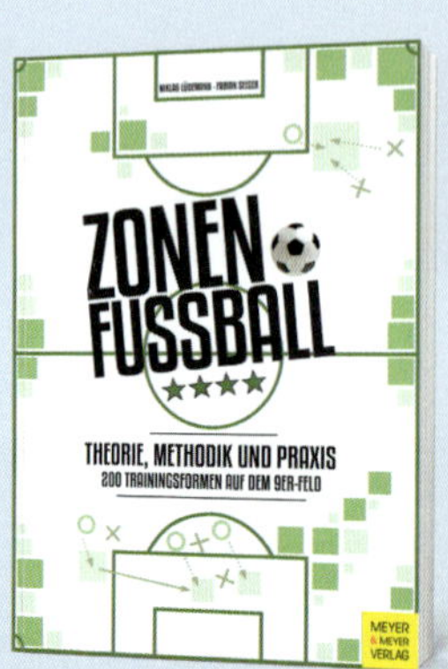

ISBN 978-3-8403-7720-4
€ [D] 32,00/[A] 32,90

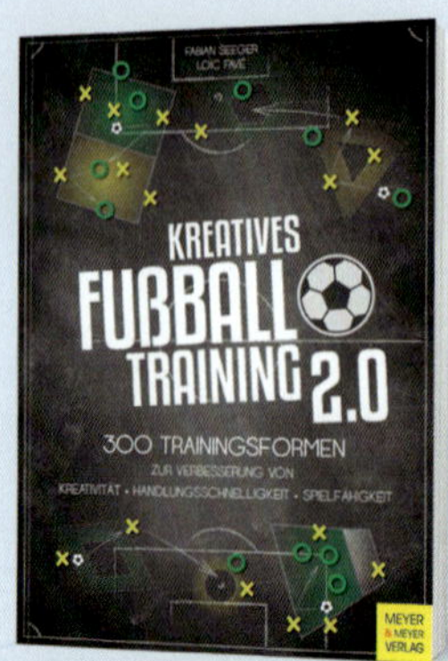

ISBN 978-3-8403-7800-3
ca. € [D] 38,00 /[A] 39,10

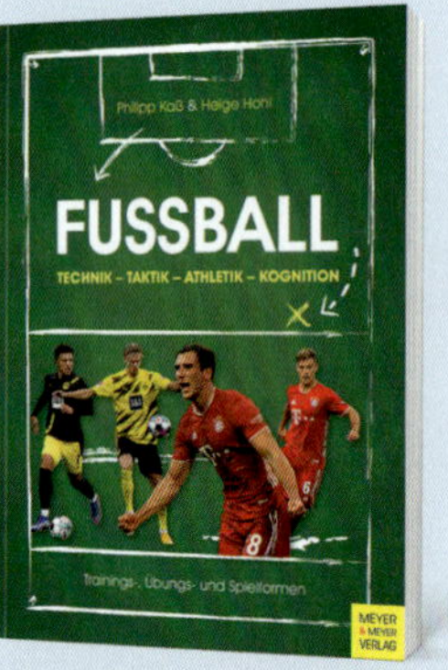

ISBN 978-3-8403-7752-5
€ [D] 20,00/[A] 20,60

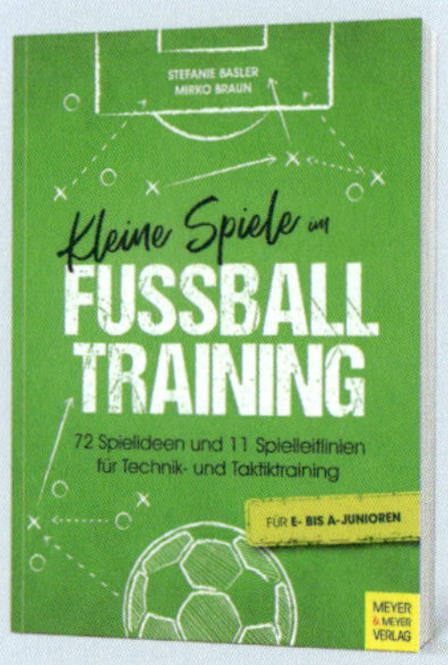

ISBN 978-3-8403-7798-3
€ [D] 20,00/[A] 20,60

Preisänderungen vorbehalten und Preisangaben ohne Gewähr! Bild oben links © AdobeStock

MEYER & MEYER VERLAG

MEYER & MEYER Verlag
Von-Coels-Str. 390
52080 Aachen

Telefon 02 41 - 9 58 10 - 25
Fax 02 41 - 9 58 10 - 10
E-Mail vertrieb@m-m-sports.com
Website www.dersportverlag.de